"三全"育人情
——立德树人校园故事

李慧军 主编

郑州大学出版社

图书在版编目(CIP)数据

"三全"育人情:立德树人校园故事/李慧军主编. — 郑州:郑州大学出版社,2021.5
ISBN 978-7-5645-7824-4

Ⅰ.①三… Ⅱ.①李… Ⅲ.①小学-德育工作-研究 Ⅳ.①G621

中国版本图书馆 CIP 数据核字(2021)第 071805 号

策划编辑	赵　杨	封面设计	苏永生
责任编辑	王晓鸽	版式设计	凌　青
责任校对	宠小艳	责任监制	凌　青　李瑞卿

出版发行	郑州大学出版社有限公司	地　　址	郑州市大学路 40 号(450052)
出 版 人	孙保营	网　　址	http://www.zzup.cn
经　　销	全国新华书店	发行电话	0371-66966070
印　　刷	河南龙华印务有限公司		
开　　本	710 mm×1 010 mm　1 / 16		
印　　张	15.5	字　　数	289 千字
版　　次	2021 年 5 月第 1 版	印　　次	2021 年 5 月第 1 次印刷
书　　号	ISBN 978-7-5645-7824-4	定　　价	40.00 元

本书如有印装质量问题,请与本社联系调换。

作者名单

主　编　李慧军
副主编　程俊英　裴丽芳
编　委　王巧玲　王悦丽　王常杰　牛广朝　石凤利
　　　　　石庆利　刘秋娣　刘美贤　闫蓉蓉　李建方
　　　　　李秋杰　李　博　李慧军　张　芳　张芳娟
　　　　　张茹珂　张清海　陈丽娟　和海亮　胡素玲
　　　　　贾香菊　高素萍　郭海霞　董淑华　程俊英
　　　　　裴丽芳

内容简介

适度教育扎根于濮阳市第二实验小学,已施行近九年,在这片教育沃土上,适度教育发芽、成长并结出累累硕果,成为推进学校快速发展的核心指导理念。任何先进的理念都是在不断完善和发展的,适度教育也不例外。2020年,适度教育的领军人、濮阳市第二实验小学校长李慧军再次丰富教育内涵,在原有"三全科研型管理模式"基础上,推行"三全网格育人模式",形成"双三全办学实践模式",将适度教育推进到3.0时代。

三全网格育人模式体现了适度教育与时俱进、不断发展的时代性和先进性,是党的十八大精神"把立德树人作为教育的根本任务"的生动体现。适度教育紧紧围绕立德树人这一核心目标,以"全员、全程、全方位"育人为目的,秉持"建生态六园,育儒雅公民,促全面发展"的办学目标,推进"立德树人+"工程。三全网格育人管理模式是对"立德树人+"工程的进一步深化和具体落实,实现学科、课程、管理、环境、活动等教育元素与立德树人的完美对接,达到全面育人、全方位育人的目的。

《"三全"育人情》就是适度教育在推进"立德树人+"工程过程中结出的丰硕成果。本书精选了一百四十余篇教育文章,生动记录了适度教育工作者在实施教育教学过程中的育人心得、动人瞬间、心灵碰撞和教育感悟。本书分管理、学科、环境、课程、活动等五个板块,是读者走进教育生活、触碰教育心灵、感受教育真谛的鲜活案例和生动素材。

生活处处皆育人,在本书中,我们可以聆听各岗位教育工作者的心声,有任课教师、班主任、学校领导、中层干部、后勤服务人员,他们立足于自身岗位,走近学生,向育人跨出了迫切的一步。他们创新理念,改变方式,转变角色,把自己当作引领者、服务者、组织者、关心者、关注者,扛着潜心育人的责任,落实教书育人、管理育人、服务育人、活动育人,做真正的育人者。

育人的环境滋长生动的气息,在本书里,我们可以看到扎实有效、丰富多彩的活动,可以看到师生阳光向上、积极进取的生命样态,还可以感受到更具有温度的教育瞬间和"让每一个生命幸福成长"的核心理念,见证师生更加坚实从容的成长,等等。这得益于适度教育为学校架构的三全网格育人模式,为各岗位、各角色的育人提供了可能,营造了浓厚的育人氛围,为师生创造了幸福的成长空间。

本书从侧面诠释了适度教育理念的价值和内涵,是读者了解和熟悉适度教育理念的一个渠道,也是适度教育与广大读者进行对话和交流的窗口。我们竭诚希望与广大读者产生共鸣,碰撞出思想的火花。时代在发展,适度教育从没有停止前进的脚步。适度教育者将在教育实践中不断学习和探索,与广大的读者一起进步,一起走向未来……

前　言

世上没有最好的教育,只有最合适的教育,或者说适度的教育。教育与其他行业最大的不同点就在于服务对象的发展性和不确定性。作为一名老师,尤其是一名小学教师,掌握高深的理论知识,或者拥有很高的学识,并不代表就是一名优秀的教师。教师这个职业的特点是融入了太多的不确定性和情感因素,面对的是活蹦乱跳的生命,学生的家庭环境、性格特点、兴趣爱好、发展潜力等都有着很大的个体差异性,没有放之四海而皆准的教育原则。什么方法和策略符合学生的发展需要,什么效果最适度,是老师们不得不面临的难题。

解决教育中的问题最切实可行的不外乎两个方面,一是有的放矢,二是情感投入。

有的放矢就是针对不同的学生采用不同的教育方式。教学有法,但无定法,即使最高级的教育专家所传授的方法,也不是对所有学生都适用。好的方法往往不是一成不变的,而是老师在科学指导和经验的基础上,瞄准发展方向,所采取的具有灵活性、针对性和可操作性的教育策略。所以,教育的过程往往也是纠偏的过程、发展的过程、趋向适度的过程。正如濮阳市第二实验小学李慧军校长在定义"适度教育"时所阐述的那样,"抑制过度的教育,提升不及的教育,调整错位的教育,发展绿色的教育"。教育本身就是一个动态修正的过程,不存在最好的教育,只有不断发展的教育。

教育的独特性还在于必须有情感的投入。教育是双向的心灵碰撞,没有情感的纽带,是很难发生共鸣的。有些老师只把教育当作一个谋生的职业,把学生看作一个加工品,放在自己的传送带上,稍加灌输,产品就完成了。这是主观经验主义者,放在教育岗位上是要碰壁的。真正的教育者心有大爱,会把学生放在心中,想其之所想,思其之所好,与学生产生心灵感应,形成情感纽带,只有这样真正的教育才会发生。前者以教师为中心,后者以学生为中心,前者是术,后者为道,两者效果迥异。

党的十八大以后,教育的核心目标定为立德树人。我们的教育不再局限于教书,不再止步于育智,而是瞄准育人,促进学生的全面发展和全人成长。这给传统教育观念带来了划时代的挑战,教师的育人眼光不能再停留在书本里,而应放眼于方方面面。李慧军校长在推出适度教育3.0时强调,学校一切工作的出发点和落脚点都调整到了瞄准"立德树人"这个总目标上，鉴别教育是否适度的标准也是立德树人，教育进而产生"八化"新样态，即育人中心化、德育课程化、课程多元化、课堂素养化、评价四维化、管理自动化、服务人本化、校园生态化。育人涉及管理、学科、环境、课程、服务、家庭等各个方面，教育工作者兼教育者、引领者、服务者、关心者、关注者等于一身，实现全方位育人。

《"三全"育人情》这本书汇集了适度教育理念引领下发生的育人小故事，是濮阳市第二实验小学一线教育工作者分享的发生在教育教学中的真人真事，没有高深的理论指导，只有教学过程中的育人心得、动人瞬间、心灵碰撞和教育感悟，语言朴实无华，但却是最真实的教育声音。本书既有老师与学生的斗智斗勇，也有关爱包容学生的大爱情怀，既有老师们有的放矢、因势利导的教育智慧，也有淡泊名利、敬业爱岗的坚守和执着。

读此书，犹如与老师们进行心灵的对话，没有豪言壮语，没有高谈阔论，只是听老师们分享课堂里的琐闻轶事，感受孩子们的童真可爱，偶尔心灵深处会被触碰一下，渐觉有所顿悟。他们也许不像专家立意高远，高屋建瓴，但却扎根课堂，收集教育一线的点点滴滴，细细品来，别有一番味道，这就是教育的真滋味！

优秀的教育者有高远的格局、美好的教育理念和完善的知识结构，但同样重要的是心中有学生，能倾听到课堂的声音。既要仰望星空，也要脚踏大地。因此，我们不妨俯下身去，听一听发生在教育教学一线的最真实的声音。

《"三全"育人情》编委会
2021 年 1 月

目 录

第一部分 管理

让教育更有温度	张芳娟	002
孩子们，你们慢慢来	张文娟	005
用心陪伴　守望花开	刘晓花	007
让孩子在合作与竞争中成长	吴予航	009
用我的爱温暖你	郭海霞	011
评价　唤醒　成长	胡素玲	013
静待花开	喻汉理	015
用"爱"写好两个字	范利娟	017
爱·赏识·智慧	逯艳霞	019
抓实班队活动，培养团队精神	王红震	022
给德育一个理由	聂莹莹	024
多一分耐心，多一分鼓励	翟志然	026
启思润德　以爱育爱	宋海娟	028
师生共写班级日志　培养向善好少年	苏会冉	029
说说我班的"班头"	王悦丽	031
育人先优己　润物细无声	陈瑶	033
用欣赏的眼光看待每一个孩子	张红	035
倾听就是爱	石庆利	036
跨过那道门槛	王悦丽	038
润物细无声 　　——让学生信服自己	聂莹莹	040
班级管理"玩"出新花样	郝庆义	042
我的班级管理"试卷论"	李建方	044
爱，就是帮助	高素平	046
有效沟通，推动班主任工作的开展	董淑华	048

"他"变了	史洁玉	051
信赖、尊重——学生进步的动力	史素霞	054
一米阳光 一路成长	宋含笑	057
做一个温暖善良的人	窦宁可	059
用心感受 认真聆听	王珩	061
榜样的无限力量	李蒙蒙	063
立德树人,让师爱在岗位上闪光	王晓蕾	064
春风化雨润心田	高素平	066

第二部分　学科

立德树人　且思且行	裴丽芳	070
小学数学也要有"法"	闫蓉蓉	072
用爱托起希望花	陈国伟	074
发现孩子们的亮点	王庆晓	076
从立德树人看体育教师的角色扮演	王会彬	077
体育培养俯视困难的勇者	李建方	078
有一双善于发现的眼睛	和海亮	080
抓契机进行思品教育	张清海	082
数学课堂里的点滴	王晨童	084
立德树人小故事分享	牛广朝	086
美术教学中的立德树人	王丽彩	088
言传身教　以课育人	什强	091
初为人师,收获满满	杨天睿	093
说个数学故事给你听	陈丽娟	095
因为喜欢　所以优秀	刘爱菊	097
英语课上的地理小达人	刘会如	100
用爱唤醒学生	张芳	102
运用小故事,点亮大课堂	石庆利	104
家庭劳动与自我管理	马瑞娟	106
立德树人在数学学科中的体现	寇亚锋	107
育人在科学课堂中的渗透	葛利玲	109
花开课堂	刘秋娣	110

第三部分 环境

有一种成长让你骄傲	韦秀荣	112
最是那一弯腰的温柔	贾香菊	113
给点"阳光"就"灿烂"	王玉峰	115
从现象看真相,解结赋能助成长	晁秋实	117
教育要有温度	高素平	119
做好后勤保障 用心服务师生	宁凤玲	121
做有爱、有为、有心的老师	李建方	122
培养宪法意识,从小学生开始抓起	董淑华	124
让书香溢满校园	崔凤霞	126
点亮生命之灯	王晓珊	128
适度音量,友善交流		
——引导学生课间音量控制之妙方	王红震	130
爱的力量	王 婷	132
悉心呵护 等待成长	郭亚茹	134
陪伴成长——班级文化建设	李楠楠	136
良好环境促成长	姬聪慧	138
用双手创造美	郭海霞	140
我的育人阵地	杨亚娟	142
爱,让我走进孩子的心灵	柴俊霞	144
有规矩成方圆	郭亚茹	146
班级灵魂——文化墙	王卫丽	148

第四部分 课程

让美育涵养每一个孩子的心灵	韩中华	150
"两承包一体验",着力培养小学生劳动素养		
——劳动教育综合实践活动案例	李秋杰	153
班级公约精神培养案例	李 博	160
"两承包一体验"		
——劳动教育课程体系构建的新样态	张茹珂	162

罗森塔尔期待效应的实践应用案例
　　——让特殊的学生普通化 …………………………… 李　博　164
儒雅文化润生命　翰墨书香育英才
　　——书法教育课程的开发与实施 …………………… 张茹珂　166
三尺讲台　我是主角 ……………………………………… 于　征　170
综合实践活动课程的开发与建设 ………………………… 张茹珂　172
主题微班会　润心更润德 ………………………………… 常文欣　175
让思维之花在纠错中绽放 ………………………………… 王晓蕾　177
让思维导图与数学相得益彰 ……………………………… 翟志然　179
用心灵体验抒真我个性
　　——在活动课程中激发学生写作兴趣 ……………… 张茹珂　181
开发多文本阅读课程，实现课内外阅读融合 …………… 张茹珂　184
优美的旋律会育人 ………………………………………… 戚建荣　187
探索阅读教学课程中读写结合的途径 …………………… 张茹珂　189
有意义的社会实践课 ……………………………………… 马瑞娟　192

第五部分　活动

新时代少先队实践活动的立意、策划与组织 …………… 程俊英　196
厉行节约，从小做起
　　——记一次主题班会课 ……………………………… 范利娟　200
"引爆"班级的潜能 ………………………………………… 佘玉玲　202
小毛虫成长记 ……………………………………………… 李秋杰　204
小习惯　大收获
　　——记一次队课有感 ………………………………… 付迎敏　206
今又重阳　不同往常 ……………………………………… 郭海霞　208
课前小剧场 ………………………………………………… 张　玮　210
微笑招呼，友善待人 ……………………………………… 邵丽飞　212
为自理能力洒上"催化剂" ……………………………… 佘玉玲　213
我劳动　我光荣
　　——我是值日小当家 ………………………………… 王红霞　215
清洁家园大家行 …………………………………………… 陈　瑶　216
我和小苗共成长
　　——实践活动课有感 ………………………………… 王悦丽　218

感恩父母　拥抱亲情	马静静	220
绿色出行你我他　低碳节能进万家	王　盈	222
助力文明交通行	常文欣	224
清洁家园,从我做起	吴予航	225
以劳动为笔,绘童年华章	薄伟伟	226
都是篮球惹的"祸"	佘玉玲	228
"好玩好写"的意象沙游作文课	晁秋实	230
行走在文明的春风里	宋海娟	232
小社团,大舞台	张　芳	233

第一部分 管理

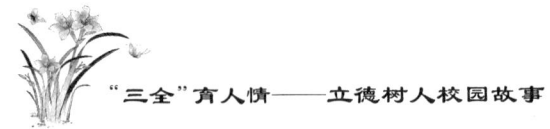

让教育更有温度

张芳娟

有人说,教师的奉献如百合,绽开是一朵花,凝聚是一枚果。但无论是花的绽放还是果的展现,都离不开阳光雨露的滋润,一如学生的成长离不开老师的关爱。

行动传递温度

我曾经收到过这样一条短信,是一位家长发来的:"张老师,孩子今天回家特别激动,兴奋地说,'妈妈,今天张老师摸了一下我的头,我太高兴了'。"这个孩子叫王德玺,他一直调皮爱动,但那段时间表现特别好,听课专心、发言积极、作业规范。课间我在教室的走廊碰到他,就对他说:"最近表现不错,要坚持哦!"他回了一句:"必须的,张老师!我一定能做到。"当时他的样子特别可爱,我就不自觉地摸了一下他的头,说:"调皮鬼!"没想到,就是这样一个不经意的举动,却带给了孩子如此明媚的快乐感受,真可谓"轻声无言花自开"。这件事情虽小,却让我深受启发。教师对学生的爱应是发自内心、自然流露的,这样才能触动学生,激发他们学习的自觉性和主动性。作为教师,我们可以不光芒四射,但是不能冰冷;可以平庸,但是不能没有温度。

"爱学生就要让他们真实感受到老师的爱。"我在教学实践中深深体会到,"给学生一个拥抱"是最有效、最能让学生感受到老师的爱的身体语言。尤其是一些学习有困难的学生,他们容易孤独、彷徨、不知所措,内心非常渴望老师的关注。如果他在有点滴进步时,能得到老师的鼓励或者一个拥抱,他一定会倍感温暖。因为这个拥抱不仅仅是一种关爱,一种沟通,一种温暖的融合,更是一种无声的力量。张开双臂,给他们一个深情的拥抱,很多问题一定会迎刃而解的。

每次单元测试后我都会送给满分或进步的同学一个拥抱。拥抱时,我会在他们耳边说些悄悄话,多是鼓励表扬的,也有提出希望的。我猜不出孩子心里想什么,对他们说的鼓励、表扬、期待的话语又起了多少作用,但我相信他们当中肯定有被拥抱感动的。班里有个女孩儿叫张冰堰,她性格开朗,上来就一把抱住了我,很迫不及待的样子:"张老师,我期待很久啦。"那一刻,望着孩子们天真无邪的笑脸,听着他们那真诚的话语,我的内心微微一颤:孩子们是多么渴望和老师亲近啊,老师的一个拥抱对他们而言是如此珍贵。

幸福需要表达,更需要传递。师生的幸福,需要教师用快乐的心态去感染,去引导。教师快乐,学生才能快乐;学生幸福,教师才能幸福,因为爱是相互的。当然,师生之间要理解、信任,要有温度,这温度不仅要创造,更需要保持。

策略持续温度

在校园中,每个学生都是单纯的个体,正是因为他们的单纯,才需要我们教师的正确引导,引导他们发现学习的乐趣,找到进步的方法。由此,教师行为与策略就显得尤为重要,要让学生感受到足够的温暖。

这学期新接五年级(7)班,班里有个男孩儿叫范琛祺,基础特别差,可以说是班里学习最困难的学生。他平时上课注意力不集中,作业还写得特别潦草,根本看不清楚他写的是什么。接班后,我先从他的书写抓起,每天放学后都要让他把当天潦草的作业再抄写一遍。我让他慢慢写,把字写清楚,写规范才可以回家。这样坚持了几天后,他竟然对我说:"张老师,今天的作业能不能发给我两份?我第一遍总是写不好,还有很多错误,您给我两张我就可以写完后再认真地抄写一遍。"听了他的话,我心中暗喜,看来让他每天重抄作业见效了,他开始转变写作业的态度了,这真是一个良好的开端,于是我赶快答应并鼓励了他。在这样的坚持和努力下,范琛祺的作业书写有了很大的进步,字迹清晰了许多。我继续经常表扬他,慢慢地,他对学习有了兴趣。他妈妈打电话说:"孩子现在对数学可感兴趣了,躺在被窝里还学数学呢。"有了这样的变化,学生的成绩自然就有了提高,期中考试竟然考了85分,我及时给孩子发了奖状并拍照留念,他妈妈激动地说:"这是范琛琪上学以来得到的第一张奖状,孩子高兴极了,学习劲头更足了。"

又过了几天,范琛琪妈妈激动地给我打电话说:"张老师,孩子今天上午回到家竟主动给我说,他以后再也不玩手机了,让我监督着把所有的游戏全部都删掉了,孩子的变化太大了!太感谢你了,张老师。"听到这里,我才想起期中考试过后,我发现班里有几位同学在家经常玩手机,导致成绩下降,就提醒他们不能再玩了,并且表扬了范琛琪,说他之所以能进步这么快,就是因为在家不玩手机,并且专心学习,没想到这样无意中的一次表扬对孩子的触动这么大,起到了意想不到的效果,真是意外的收获。

通过范琛琪一次次可喜的变化,让我深刻领悟到,作为一名老师,在对待学困生方面不能只是一味地批评与指责,而是要多关注孩子、走近孩子、读懂孩子,让我们的教育如涓涓细流,慢慢滋润他们的心田。这样的策略与方法既关注了孩子的学习成绩,又关注了孩子快乐的程度,真正让学生体会到教育的温度。

教师一定要是个热爱生活的人,一个对世界充满热情的人,是个有温度的人,这种热情和温度,不但可以为自己的生活带来阳光和诗意,也能为通向孩子的心灵世界提供一把万能的钥匙。

孩子们,你们慢慢来

张文娟

"要悄悄地走近他,拉住他的手,使他由神奇的童年独木舟改乘全班航行的那艘认识快艇。"这是苏霍姆林斯基在《给教师的建议》里的一句话。教育是爱的事业,作为老师,我们有时需要慢下急行的脚步,于润物无声中引领学生幸福成长。

2020年初,新冠肺炎疫情席卷全国。经过抗疫战士几个月的努力,我们终于可以重出家门,恢复正常生活。复学后,已临近期末,师生都对即将到来的升级考试倍感压力,大家都加足马力,奋力前行。瞧,教室里好一派积极向上的复习氛围!

此刻,我站在斜阳浅照的讲台上讲课。

"吕书萱,请你书写'晚'的笔顺。"

游离在课堂外的她,磨磨蹭蹭半天没有回答。我想说:快考试了呀,到现在这个字还不会?但再看这个六七岁的小女孩,凌乱的头发,圆圆的脸庞,明亮的眼睛闪烁着胆怯的光,黑黑的胳膊上有多处蚊虫叮咬的痕迹,衣服也有些脏。我沉默片刻,请她坐下认真听讲。

课堂练习时我走近书萱,俯下身握住她的手,一笔一画地示范。还说:"瞧,小手指喜欢老师,写得多漂亮。"这时她眼睛里不再是害怕胆怯,竟流露出信任、欣喜的神情。

课下,我马上电话和她家人沟通,原来书萱的父母在医院工作,很忙,他们三兄妹都是由爷爷奶奶照顾的。时间久了,她就养成了不专心的坏习惯。作为老师,我应该给她多一些宽容、耐心。

多么微小的一件事,然而,它几乎无时无刻不发生在我们的课堂上。面对成绩、课业进程,有时我们几乎不假思索地催促、批评。但,我时刻告诫自己,我们的学生是孩子,只有六七岁的年纪。

随后,我制订了访问计划:每天要打几通电话,每天要和几个孩子谈心,等等,都列入在内。我想,只有深度了解才能拨开云雾,发现那一个个游离在课堂外的孩子出现问题背后的深层次原因。

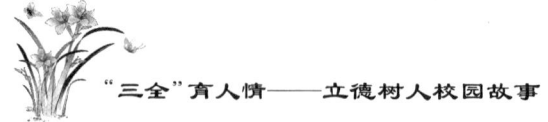

当下,全球仍笼罩在抗击疫情的紧张氛围中。而此刻的二实验呢?虽已到初秋,校园里仍生机勃勃,花草葱茏,午后的阳光慵懒地照耀着这片净土,每一个明亮的教室里,孩子们都整整齐齐地端坐着,读书、写字。我再次走到斜阳浅照的讲台上,望着一个个专心写字的孩子。他们中一定有瓦特,有牛顿,有爱迪生,我不能等到坐火车、学微积分、点电灯,才认出他是我当年的学生。

此刻,我愿意等上很久很久,让他们从从容容地把每一个字写好,用他们稚嫩的手指。

孩子们,你们慢慢来,慢慢来……

第一部分　管理

用心陪伴　守望花开

刘晓花

所谓"立德树人",立德即在教育中坚持德育为先的育人理念,通过多种途径对学生进行引导、感化和激励;树人即在我们日常的教育教学工作中坚持以树人为本的教育目标,通过适当的教育方式对学生进行塑造、改变和发展。作为学生发展过程中重要的小学阶段,班主任如何在班级管理中渗透立德树人的教育理念,对帮助学生形成良好的品德习惯具有十分重要的意义。

优秀教师薛瑞萍说:"教育没有可以普遍适用的所谓规律,富有魅力和人性的教育,永远是这个教师、这个班级、这个孩子、这群家长的一对一。"她道出了教育的真谛,也切中了当前教育弊端的要害。作为一名年轻教师,工作经验及管理理念缺乏,使我在开展日常班级管理中很难实现民主管理,兴趣引导。为了更好地在班级管理中落实"立德树人"的育人理念,需要切实践而行之。

我所带的班里有一个学生平时习惯不太好,总是爱乱拿别人的东西,而且谎话连篇。我曾多次与其家长沟通,但效果甚微。一次课下,她偷拿了同学的零花钱,却拒不承认。当天的班队课上,我给学生们讲了一个故事。从前,有位渔夫在海里捞到一颗大珍珠。这颗珍珠晶莹饱满,但珍珠上面有个小小的黑点,让他觉得美中不足。于是渔夫心想:"如果我能将这个小小的黑点去掉,珍珠必定完美无瑕,价值也会更高。"想到这儿,他就开始小心翼翼地刮剔珍珠上的黑点。可是刮了一层又一层,黑点仍然存在,于是他就一个劲地刮剔……最后,小黑点终于被他刮掉了。不过,令人感到惋惜的是,原来那颗硕大圆润的珍珠也不复存在了。

故事讲完后,我让学生讨论其中蕴含的道理,告诉他们:不足或者缺点正如这珍珠上的"小黑点",每个人身上都有。然而,对于这个"小黑点"我们要正确面对,要让它时时提醒自己,有错误就要敢于面对,并勇敢地改正,这样你才会是那一颗无价的珍珠。再看那位同学,她两眼真诚地看着我,然后她抿着嘴对全班同学深深地鞠了一躬,此时的教室响起了热烈的掌声。我想,正是这份宽容和理解,让我的班级产生了凝聚力,让学生彼此间赢得了发自内心的尊重。

作为教师,我们不仅要言传,更要身教。在热爱学生的同时,还要注意,让每个孩子去爱他人,尊重他人,宽容他人。比如:有时学生犯了错误,家长来说情,虽然学校的纪律是严肃的,学生是平等的,可面对家长,我们得尊重,我们需要他们的支持。因此,在不影响原则的前提下,为了工作,我们教师可以退一退,让家长释怀,赢得家长的尊重。同时,也让学生看到老师胸怀宽广的一面,赢得学生的尊敬。家长是家庭的中心,尊重家长,争取家长的理解、支持和配合,对我们的教育和学生的成长都是非常有利的。

每个人的生命都是一朵花,每朵花盛开时都是那么美,让人充满期待,让我们放慢匆忙的脚步,俯下身子,去认真聆听花开的声音。

第一部分　管理

让孩子在合作与竞争中成长

吴予航

作为一名小学教师,我时刻关心孩子在集体中的成长能力和方式。利用合适的方式把孩子拧成一股绳,让他们在相互合作中学会关爱,在相互竞争中快速成长,是我乐意看到的。

在一次运动会中,我们班平时学习成绩一般的小和在男子短跑中获得了年级组第一名,为我们班获得了荣誉。之后的班队课上,我想借此机会为他加油,希望他能在学习中同样努力。可当我提议让同学们向他表示祝贺的时候,小明(平时成绩总在班级名列前茅)却表现出一副满不在乎的样子,嘴里还嘀咕着:"有什么了不起的,有本事在学习上拿第一呀!"看到他此时的表现,我马上想到运动会前报名的一幕:在其他同学都争先恐后地举手报名参赛的时候,小明却一点也不在乎,好像事不关己。于是,我接着说:"感谢小和为班级所带来的荣誉,同时,老师也希望你们在学习和其他方面也能取得更大的进步,因为努力了,才会有收获。"

我借接力赛的比赛规则告诉孩子们:在接力赛中,只有一两个人跑得快是不够的,要想获胜,需要参赛队员齐心协力,团结与合作的力量是最大的。在学习上也是如此,只有几个同学成绩好,是远远不够的,需要我们每个同学一起努力,互相帮助,才能共同进步。比如在运动会上,我们应向小和学习,在学习上,我们要以小明为榜样,互相学习,善于取长补短,才能使我们这个班集体更加优秀。

之后,我指导学生们在组内合作的基础上,开展组与组之间的竞争,充分地调动学生学习的积极性。我采用积分制的方法,让各小组相互竞争:上课主动举手回答问题的,答对的计一分,答错的不扣分,这样每个同学都争着举手回答问题,都想为组里挣一分,能促使学生积极思考;分组学习认真的,也能给组里计一分;哪个同学作业得了满分,就给他所在的组加　分;如果在学校举行的各项比赛中获奖,也可以为本组加分……每周总结一次,总分居前两名的小组获奖。学生好胜心强,哪一组也不甘落后,为了比其他组学得更好,组内不仅有分工,更有合作与鼓励。每一位组员都以饱满的热情投入学习,充分发挥主观能动性,此时,思维的火花会不断闪现。由于大家都关注自己组的成功与失败,因此会更加积极地学习与参与班级的管理。

　　现代教育迫切需要我们教育工作者多了解青少年心理健康的知识,善于捕捉教育的契机,讲究教育的艺术,通过多渠道、多方位把学生引向正确的健康发展的轨道。它不仅能使我们的工作开展得得心应手,而且还能为促进学生身心健康做出有益的贡献。

第一部分　管理

用我的爱温暖你

郭海霞

立德树人要以人为本,教育学生要先成人再成才。当然,这也是我们作为一名教师的责任。就在不久前,我们班发生了这样一件事,让我这个班主任甚感欣慰。

那天下午,我上了一节语文课,孩子们上课的状态和回答问题的积极表现令我十分欣喜。基于孩子们上课的精彩表现,中午的时候,我从超市买来了一些干果作为对孩子们的奖励。

走进教室,我先卖了个关子:"同学们,今天老师要奖励大家,你们猜猜,今天郭老师带给你们的奖励是什么?"

"可能是橘子吧,要不就是饼干。"王子谦瞪着自己的小眼睛看着我,期待着我的肯定,可我微笑着摇了摇头。

"是棒棒糖!郭老师最喜欢奖励我们棒棒糖了。"张可儿大声嚷着。

这可吸引了所有孩子的目光,满脸自信的可儿看到同学们为她竖起大拇指就更神气了,也更自信了,可我还是对她摇了摇头。

这时,孩子们大眼瞪小眼,你看看我,我看看你,都用迷茫的眼睛看着我,好像在说:"到底是什么呀,老师?"

我一看,已经吊足了孩子们的胃口,就不再卖关子了。于是,我轻轻地拿出装干果的袋子放在了讲桌上,让同学们轮流到讲台前自行取走属于自己的奖励,要求是每人只能拿一个。同学们兴高采烈地站起来,陆续取走了属于自己的干果。可是我突然看到宇航有些异样,当他拿完之后也不像其他同学那样向我致谢,而是悄悄地低着头离开了。我本以为这个孩子是不好意思呢,因为这些干果是奖励,是对上课表现好的同学的奖励⋯⋯

等到所有的孩子都把属于自己的奖励拿完之后,我悄悄来到宇航的身旁:"孩子,你没拿奖励吧,上课犯了错误没关系,只要认识到了自己的错误并真心改过,就还是好孩子。"宇航是一位生性活泼好动的学生,他的板凳上永远都有"钉子",扎得他的屁股总是不能安稳地坐下来。这不,今天课堂上他又和邻桌说话了,被我逮个正着。不过,他的认错态度很好,一下课就找我道歉,并且保证以后上课再也不说话了。我很是为这个孩子的真诚态度感到开心。知错能改,善莫大焉! 老师要爱孩子,更要包容孩子的不足与犯错。

"来,孩子,这个奖励还是属于你的,拿着!"说着,我拿了一颗干果放在了他的手中。只是这时,孩子的头低得更低了,脸更红了。

下午放学后,我回到办公室,看到桌上放着一张纸条和两颗干果:"咦,这是怎么回事啊?"我正纳闷呢,这时,几行文字映入我的眼帘——"郭老师,今天我上台拿奖励的时候,多拿了一个,可您还以为我没有拿,又给我了一个。老师,我错了,请您原谅我,我把这多余的两颗干果还给您,以后我再也不这样了。老师,我爱您!"

有人说:"一切最好的教育方法,一切最好的教育艺术,都产生于教育者对学生无比热爱的炽热心灵中。"因此,作为一名教师、一名班主任,首先应该爱孩子,最好的教育方法也是以爱温暖每一颗幼小的心灵。就是这不经意的一次爱的表现,却为孩子的心灵点燃了一盏明灯,这样的爱,胜过无数的说教和批评!

教育的路上需要爱,需要温暖!

第一部分 管理

评价 唤醒 成长

胡素玲

接手新班后,我感觉这个班的学习氛围很沉闷。我苦苦思索,尝试了一些方法,终不得改善,甚是苦恼。有一天,无意中翻看《第56号教室的奇迹》一书,从艾斯奎斯老师数十年如一日地带领学生坚持排练莎士比亚的戏剧并使学生从中受益一事中,我受到了启发。第56号教室里的学生通过排练莎士比亚的戏剧,规范了自己的行为,形成了班级的凝聚力。整个班级的学生每一天都有着明确的努力方向。我的班级该怎么办呢?很快一个新的方案酝酿成熟。

一、破旧立新,激活思维

原来的班级评价机制还是从暑假里刚接班且不认识学生的时候延续过来的。微信的小组群和班级的小组不一致,有时3人,有时6人,导致各项工作都不协调。如今,我规范了班级6人小组,选出组长,成立了新的小组微信群。制定班级小组评比表"我们组最棒",以及全班学生的个人评比表"群星璀璨我最棒"。

针对学生作业不认真、书写不规范、不爱读书等现象,开始了第一周的评比。多数学生的积极性很快就被调动起来了,每每得到一枚小红旗,都会高兴得合不拢嘴,迫不及待地跑到评比栏前看贴着自己的名字那一栏。

学习小组的读书活动也逐渐活跃起来了。课余时间,更多的学生开始读书,将读书的音频、视频发到小组群里,互相倾听,互相学习,谁也不甘落后。就这样,学习小组的微信群热闹起来了,学生的课余生活丰富起来了,学生的思维也活跃起来了。

二、总结激励,唤醒自信

每一项活动的总结都和活动本身一样重要。活动开展一周后,我们做总结,表扬上周取得红旗最多、表现最好的同学,发奖鼓励。并请获奖的学生代表发表获奖感言及争取小红旗的经历。张新政第一次上台领奖,红着

脸说:"我每天写作业时都认真书写。"张智宸滔滔不绝地说:"为了争取得到小红旗,我每天写完作业后,都仔细检查。我还利用课余时间进行探究性学习……"傅政然说:"我在读书的时候,遇到不认识的字就查字典,记住了很多字。"同学们听着、想着,都陷入了沉思。

三、百花齐放,携手成长

一花独放不是春,百花齐放春满园。"认真书写,书面干净,不涂改就能得红旗。"在这样"跳一跳"就能够得着的评比条件下,全班学生都行动起来了,写作业时,教室里静悄悄的,孩子们聚精会神地盯着本子,唯恐出错。即使偶尔写个错字,也不敢随便涂改了,又不能使用涂改液,只好小心翼翼地、不留痕迹地修改。渐渐地,试卷也好,作业也好,都发生了翻天覆地的变化。就连我批改作业时的心情也舒畅了很多。

在小组的评价中,每个小组都争先恐后,小组内如果有不按时读书的同学,小组长都会一遍又一遍地提醒,直到人人都完成任务。

评价唤醒了孩子们心中沉睡的童心,竞争让孩子们有了奋斗的目标、努力的方向,比学赶帮的喜人氛围迅速在班级内蔚然成风。期待着,孩子们朝着全面发展的道路奋力前行,健康发展。

静待花开

喻汉理

弹指一挥间,我从事小学教育已经有15个年头了。这15年里,我以一颗热爱教育事业的赤诚之心,兢兢业业、勤勤恳恳,送走了3届毕业生。15年的教学生涯,让我深刻地体会到,教育的意义在于让孩子在学习的过程中积累知识,完善自身的认知结构,形成正确的世界观、价值观、人生观;教师要做的就是,在孩子学习的过程中引导、规劝、帮助,然后静待花开!在这个过程中,身为老师,要正确处理好三种关系。

一、正确处理学校与家长的关系

家庭教育是第一教育,学校教育是立德树人的主阵地。工作中,我特别注重与家长的高效沟通,引导家长积极配合老师,共同激发孩子潜能,发现每个孩子的闪光点。比如,认真开好每一次家长会,利用这个直接面对面的平台,把自己的教育理念、教育思想、教育智慧、教育气质等,直观、全面地展示给家长,引导广大家长树立正确的教育理念,掌握科学的家庭教育方法。比如,我会经常性地利用家访、微信沟通等方式与家长沟通交流,向家长介绍好的教育经验,告知家长孩子在学校的表现,同时了解孩子在家的情况,与家长一起查找各自的教育问题和教育缺陷。又如,学生做了一件好事,家校共同鼓励他、表扬他、赞赏他,如果学生做了一件错误的事,我就与家长共同教育他、劝导他,强化孩子习惯的养成和辨别对错的能力。

二、正确处理老师与学生的关系

学生亲其师才能信其道。和谐的师生关系,是学生主动获取知识的情感基础。在实践中我体会到,小学生在某些方面来说,十分单纯可爱,他们喜欢一门课往往是从喜欢这门课的任课教师开始的。因此,我平时很注重自我的知识修养,广泛涉猎各科知识,力做一名"杂家型"的教师。同时,我还特别注意锤炼自己的教学语言,努力形成独特的教学风格,做一位时尚知性、知识面广、潮流感强的教师,这样与学生交流起来就没有代沟,也能达到高效教学的目的。同时,我还发自内心地关心学生、爱护学生、尊重学生,有的放矢地帮忙学生,对于表现好的学生,购买他们喜欢的文具、益智玩具作为奖励,很受学生的喜欢。与学生成为朋友,学生就会慢慢喜欢上你,从而喜欢上这门功课。

三、正确处理家庭与工作的关系

不同的职业群体都会遭遇一定程度的工作、家庭冲突。教师面对的学生群体年龄偏低,既要承担繁重的教学任务,还要承担更加庞杂琐碎的管理工作。与此同时,还必须承担家庭的责任。这就要求教师不得不在工作与家庭的天平两端做出抉择。工作中,我始终坚持既要有"春蚕到死丝方尽"的埋头苦干,又要有"偷得浮生半日闲"的闲暇生活。因此,我一方面充分利用好的教学方法提高课堂效率,提升学生的学习效果;另一方面,充分利用周末时间,享受与家人在一起的时光,使身心从工作中解脱并得到恢复,以便有更充沛的精力投入教学工作。

第一部分 管理

用"爱"写好两个字

范利娟

世上有很多东西,与人分享时,都会往往越来越少,而有一样东西,却越分享越多。那会是什么呢?是"爱"!是的,唯有爱,不是索取,不是等价交换,而是付出和奉献。并且,你付出越多,得到越多。

登上三尺讲台是我孩提时代的梦想,用爱坚守这一方净土也是我后半生的愿望。我深深知道,一位优秀的教师,不但要有高于知识的智慧,更要有高于智慧的爱心。而"师爱"是"师德"的灵魂。爱,源于高尚的师德;爱,意味着无私的奉献。只有爱得深,才能爱得真。只有心中有爱,才能用心培育学生。

曾经所带的班内有个柔柔弱弱的女孩,父母分离,跟随爷爷奶奶生活。这孩子上课常常走神,作业马虎潦草,而且性格内向、沉默,不愿与人交往。请来几乎目不识丁的爷爷奶奶进行交流,最多的时候也只是唉声叹气。从小缺失母爱的孩子,在内心里有多渴望这份爱,对于年少时就失去慈母的我感同身受。于是,我把更多的爱与关注给了她。我几乎每堂课都会提问到她,毫不吝啬对她的赞扬与鼓励,并时刻注意她的动向。当发现她思想涣散时,我会用严厉的眼神暗示她、提醒她,当她把注意力集中到课堂上后,我又会投去赞许的目光,不动声色地为她竖起大拇指。

在征得她家长的同意后,我经常请她到家里做客,送她一些文具、书籍,为她做一些可口的饭菜。看得出来,孩子越来越活泼、自信、阳光,笑容也常常如花般绽放。教师节,她送我一件礼物——在一个小小的玻璃瓶里,装满了她为我折叠的一颗颗小星星,还用小纸条写下:老师,节日快乐!我爱你。后来她在日记中也写道:范老师,猜猜我有多爱您?您对我真好,我好想叫您一声妈妈!

我只是做了自己应该做的,孩子们却给了我一次次的喜悦和感动!他们用纯净的心灵,深厚的情意,净化了我的灵魂,我还有什么理由不去温暖他们、爱他们呢?

或许是工作性质使然,总在不自觉中就冷落了自己的孩子。儿子小时

候曾经在睡梦中惊醒,从床上跳下来梦游般满屋乱转,边哭边喊"妈妈、妈妈",等我抱住他、安抚他,慢慢问才知道,他梦到我带着一大帮学生去郊游,唯独丢下了他……

我知道,教育事业是爱的事业,选择了教书育人就是选择了爱与奉献。而我们所面对的每个孩子犹如棵棵青葱的幼苗,都渴望着阳光的普照。陶行知先生曾经说过:"你的教鞭下有瓦特,你的冷眼里有牛顿,你的讥笑中有爱迪生。"冰心老人也曾说:"世界上没有一朵鲜花不美丽,没有一个孩子不可爱。"因为每一个孩子都有一个丰富美好的内心世界,这是学生的潜能。也正如我们李校长常说的:"辣椒没有冬瓜大,冬瓜不如辣椒红。"每个生命都是独特而又多彩的,所以,用爱做教育,用心关注每一位学生的成长就是我们应尽的职责。

记起我现在担任的这个班,那是一年级新生刚入学没几天的第一次家长会后,一群家长把我团团围住,争相询问、了解自己孩子的情况。我把所掌握的每个学生的性格特点及在校表现都一一答复了他们。家长们惊叹不已:"范老师您真厉害,这么短的时间就记住了所有孩子的名字!"其实我知道,这并不是什么特异功能,只是我们的职业习惯、职责所在而已。

这个冬天,外出培训学习将近两周,没想到返校后全班孩子给了我一个大大的惊喜。听说我第二天要回来上课,值日生们在黑板上画上鲜花,同时写下稚嫩而又深情的一行字:"欢迎范老师回家!"早上我一进教室,就被孩子们团团围住,给了我一个个大大的拥抱,这种热情与爱令我倍感温暖,让我浑身的疲惫顿时烟消云散。没有过多的语言,只有无尽的爱在教室里蔓延……

时光轻逝,流年婉转。红颜渐老,不改初衷。教育工作烦琐而又辛劳,没有任何华丽的文字可以形容。但我愿就这样——和无数教育者一样——在平凡的岁月中,坚守自己的承诺,风雨兼程,且歌且舞;我愿就这样,守一方净土,安三尺讲台,用心、用爱写好两个字——师德!

第一部分 管理

爱·赏识·智慧

逯艳霞

屈指算来,当班主任已有二十多年。每次接班,都会遇到习惯差、调皮淘气的学生。

十四年前,刚接的班里有几个孩子经常出现这样那样的问题,令我倍感苦恼、郁闷,多次给他们做思想工作,但收效甚微,他们当着我的面态度很好,但是一转身就依然如故。在苦于找不到解决问题的方法时,我向一位老教师请教(这位老师现在已经退休)。

她听完我所有的抱怨,问了我一句话:"你爱你的学生吗?"

我愣住了。我说:"当然了。"

她继续说:"你只看到了他们的缺点,你并不是真爱他们,而孩子们是能感受到的。你不爱他们,他们不会从内心接受你,更不会爱你,所以对你的谈心和教育只是阳奉阴违,表面接受,背后该怎么做还怎么做。"

如醍醐灌顶一般,我想起了冰心老人曾说过的一句话:"爱是教育的基础,有爱便有了一切。"我总认为我爱孩子,但是却总是看到他们的不足、缺点。

从孔子的"因材施教"到陶行知的"生活教育",从苏格拉底的"精神助产术"到卢梭的"自然教育",古今中外无数教育大师的研究和实践都向我们证明,教育需要情感的关注,"爱学生"是教师职业最基本的要求,也是做好教育工作的前提。因为感人心者,莫过于情;暖人心者,莫过于爱。

忽然想起以前看过的一篇文章:一位老花匠买下一幢旧宅,在庭院花园的墙角意外地发现了一株腊兰。那株腊兰的市场价可以买下三幢那样的宅院。原来的主人听说了,后悔之余又想不明白:为什么自己住了多年,那株腊兰却没有长出来?他回到那座宅院,求教于老花匠,原来腊兰每年春天都发芽抽叶,但都被他当作杂草一次次地拔除了,压根儿就没有机会开花,更别说证明自己是一株名贵的腊兰了。

人到中年,谁也不能因其一事无成而断定他一生无望,大器晚成的名家比比皆是。更何况,我们面对的是一个个只有几岁的孩子呢?如果就因为

孩子的表现没有达到我们规定的要求,没有实现我们预设的目标,就过早地把孩子定义为顽石、永不开花的榆木疙瘩,岂不成了那位过早拔掉腊兰的房东?

作为教师,我们应给足每一颗"幼芽"成长的时间和机会,不要轻易否定任何一颗"幼芽",要相信,每一个孩子心中都埋藏了"腊兰"的种子。面对不同性格、不同类别的学生,要用平等的心态、平等的目光、平等的言行对待他们,静静地、耐心地等待着他们心中的"腊兰"开花。

在家长会上我经常给家长们说:教育孩子,要做到以下四点。一是示范,以身作则;二是耐心;三是等待;四是陪伴。作为老师,教育学生也应该做到这四点。而且教育学生首先师生关系要好,如果师生关系僵化,教育就无效。当然,搞好师生关系,并不是要老师去迎合学生、迁就学生,相反,要对学生严格要求,不过要讲究方式和艺术,这需要我们不断地学习、研究。

其实,每个人都有要求进步的愿望,每个人都有丰富的潜能,每个人都有自己的优势。也就是说,每个学生都有才,通过良好的教育和训练,每个学生都能成才、成功,这是教育的本义和真谛。作为孩子,学生都希望老师用真心关爱他们,尊重他们的独立人格和自主意识;需要老师用欣赏的态度肯定他们,用积极的心理意向鼓励他们。作为老师,我们要经常用赏识的目光不断发现孩子的优点、闪光点,用真诚的心态和孩子交流,用饱含期望的话语激励学生。老师的一个眼神、一句关爱的话语,学生们都会感受到激励,领受到阳光般明媚的鼓舞。只是有时候我们过分吝啬自己表扬、鼓励的语言,习惯了把孩子们放在一起比较,对于学生的进步缺少及时和足够的鼓励。有时候,我们一张嘴,学生就知道老师要说什么,而学生呢?却依然如故,该怎么样还是怎么样,没有因我们的唠叨而有丝毫改变,有的甚至越变越差。

因此,爱学生,赏识学生,需要智慧。

我们经常遇到这样的事情:一脚踏进教室,看到学生叽叽喳喳、打打闹闹的那种混乱场面时,如何让他们尽快安静下来,并迅速进入学习状态呢?有两名教师做出了如下不同的处理方法。一位教师为了弄清缘由,在班上安插了"眼线",结果教师如愿掌握了"内部资料",处理了几个学生,班级纪律是安定了,但是学生间互相猜疑,失去了真诚的友谊。另一位教师请学生带几个土豆在兜里,要求天天带来,结果土豆都发霉发臭了,学生表示再也不愿意把这讨厌的土豆带在身上了。老师说,你们破坏纪律的言行就像这土豆,天天跟着你们,你们还愿意带着它吗?教师没有处理任何一个学生,但从此班上的纪律大有好转。

我们看到,这两位老师的做法好像都达到了相同的目的,但有着本质的区别。前者用的是"术",即采用一些小办法去制约教育对象;后者采用的是"道",是去感化教育对象。前者用的是办法,后者用的是智慧。前者是低层次的,后者是高层次的。前者的效应是短期的,后者效应是长远的。

"人非圣贤,孰能无过?"正在成长中的孩子更是如此,因为他们的认知能力尚未健全,分辨是非的能力较差。老师在处理学生无心犯下的错误时要注意方式方法,既要维护他们的自尊心,又要帮助他们认识到错误所在。高尔基曾说:"爱孩子,这是母鸡也会的事。可是善于教育他们,这就是一桩大事了。"这就告诉我们,师爱并不是盲目的,而应该从学生的实际出发,做到因材施教、因人因事施教,以爱育爱,让每个学生都健康活泼地成长。

我把老师和学生的关系比喻成这样的关系:把学生当花朵,老师就是园丁;把学生当未来的博士,老师就是博导。

在今后的工作中,我愿继续凭借一支粉笔,两袖清风,三尺讲台,四季耕耘,用自己对教育事业的热爱呵护每一位学生,用自己的热情赏识激励学生,用自己的智慧引导学生,把教育当成艺术,把教育学生当作精神享受,努力成为学生喜欢的老师,培养出更多优秀的学生,多一把衡量学生的尺子,让学生各尽其才。

愿每一位老师收获一季又一季的桃李芬芳和满园硕果!

抓实班队活动，培养团队精神

王红震

班级管理中的一个重要部分是班队活动，丰富多彩的班队活动深受学生喜爱，影响着每一位学生，班主任老师必须注重班级中队活动的开展，设计好班队活动，充分发挥该活动的作用，以此促进学生良好的素质培养，引领学生树立团队意识，培养团队精神，达到最佳的教育效果。

结合学生年龄特点，以全面培养学生为出发点，让每个学生都因为这个集体而骄傲，让每个学生都发挥特长，为班集体增光添彩。我班首次作为升旗班担任学校周一的升国旗任务时，对每个孩子来说是一份光荣，本着以生为本的思想，为了让每个孩子得到锻炼的机会，以此活动为契机，我鼓励和指导学生勇于担当光荣的升旗任务，并为之付出努力。

一要抓点。主持人、演讲人、指挥、升旗手、护旗手由自主报名竞争产生，首先在班级搭建平台，个人报名并准备、展示，师生共同评选产生人选。就说说我们的小主持人选吧，马晨潇同学阳光自信，声音洪亮，吐字清晰，从一年级以来，在学校主持过多次年级活动，以绝对优势当选；新增补女主持人，卓思彤同学最为主动积极，展示时她尤其大方、自信，赢得了同学们的赞赏，大家一致通过；升旗手、护旗手也是民主选举产生的。大家找优点，说事例，讲出了自信和实力。

二要抓面。全体队员站姿、队礼、唱国歌、唱队歌、呼吁或宣讲内容。在班队课及音乐课和体育课上，大家有针对性地练习，一人不少，且人人过关。为了一个共同的目标，把承担的任务做到做好，把班级风貌精彩地展示出来，在准备升旗的过程中，大家互帮互助，共同提升，所有同学上下一心，师生之间无比和谐。

升旗仪式在主持人马晨潇、卓思彤同学洪亮的宣读声中拉开序幕。三(4)班全体队员，身姿挺拔，意气风发，激情满怀地引领师生迎接新一周的学习、生活。迎着朝阳，鼓号声声，旗手李震洋，护旗手李思颖、康乃馨同学随少年国旗班队员踏着节拍迈向升旗台，当雄壮的国歌声响彻天空时，五星红旗冉冉升起，师生伫立，全体少先队员举起右手向国旗行了一个标准的队

礼,这一刻,爱国之情在师生心间流淌!

于朋熙同学热情演讲了《热爱集体 共同成长》,三(4)中队全体队员庄重承诺。是的,团结就是力量,每个人只有热爱集体,才能获得更大的力量,实现更大的进步。在集体生活中,我们学到了知识,培养了能力,收获了友情。每个班级都有着美好的回忆,只要你有一双善于发现的眼睛,你就会找到,就能感受到集体生活的快乐和温暖。

圆满!礼成!升旗仪式结束后李慧军校长与三(4)中队升旗班合影。校长的点赞让同学们激动不已,一次难忘而深刻的升旗仪式,让同学们深受洗礼,同时增强了学生的自信心和荣誉感。所有人积极、努力的过程,值得被点赞!

班级管理工作中,班主任要结合学校活动,从学生的需求出发,有计划、有目标、有步骤地开展各项工作,抓实有效、有趣的活动,调动和激发学生的积极性和创造性,让每个队员都有机会展示自己,给每个孩子一个发展的平台,给学生的成长留下深刻的印象。同时给每个孩子一把评价的尺子,人人拥有参与的权利,都能享受成功的喜悦,并使孩子们的做事能力得到培养锻炼。有意义的班级活动,可以加强班集体的凝聚力、向心力,在加快班级团队的整体发展的同时,为学生的全人成长赋能助力。

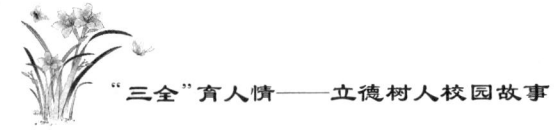

给德育一个理由

聂莹莹

我是一名师范生,从刚毕业"天降大任"的踌躇和无措,到此刻的不断学习,感觉灵魂因工作得到了充实,变得丰满。渐渐地,我爱上了我的职业,我的孩子。

回首7年有余的教学生涯,有苦涩也有甘甜。每每看到我的学生在爱的跑道上驰骋,不知多少次泪流满面。是啊,他们每一个都是闪动的精灵,耀眼的星星。

小伟是我带的第3批学生。在他三年级的时候,我刚刚来到这所学校,我们的缘分就这样开始了。接班没几天,这个小男孩就引起了我的注意。白白净净,挺秀气的一个男孩怎么会如此"驼背"?他课堂习惯差,爱说话,爱做小动作,作业也拖拖拉拉,几乎每天一进教室都有同学向我打报告:"老师,小伟……"为此很多同学都不愿与他为邻,甚至有点嫌弃他。于是,我找他谈话,希望他能与同学友好相处,认真听课,但经过几次努力,他只在口头上答应,行动上却毫无改进,让我非常"头大"。

这天中午,我刚走进班里,就听到吵吵嚷嚷的声音,原来,一名同学刚买的彩笔不见了。有人说:"今天中午,小伟是最后一个走的,他以前都拿过我们班里其他同学的东西,这次肯定也是他。""我没有,不是我拿的……"小伟说话吞吞吐吐。我也很生气,心想,是哪个捣蛋鬼把手伸长了呢?我一定要严肃处理,当作典型对待。生气归生气,可孩子毕竟是孩子啊!我怎能当着全班同学的面去"拆穿"他。我的脑子在高速地运转,于是,在同学们期待的目光中,我还是抑制住了想去批评他甚至去责问他的冲动,而是选择了缓处理的办法。"同学们,课堂时间最珍贵,我们让真相'飞'三秒吧,下课老师去查下监控,一定严肃处理。好,上课!"当我把目光落在小伟身上时,我发现他的脸很红,头埋得很低。

下课了,我故意让小伟帮我收作业送回办公室。借此我自然而然地有了与他单独沟通的机会。"小伟,今天你课堂表现有进步哦,没有说话,没有做小动作,如果回答问题再积极点就更好了。""小伟,没有什么是不变的,我

知道你是好孩子,老师相信你……"没等我话音落地,小伟已经涌出了两行热泪,一下扑到我的怀里,失声痛哭起来,"老师,彩笔是我拿的,我藏在了我家的楼道里,我想偷偷给妈妈画幅画。"

原来他一直跟爷爷、奶奶在一起,爸爸是再婚家庭又有个小弟弟。平时没有人管他,又禁止他与妈妈联系。

这时我才真正明白坏习惯的"源泉"是他比其他同学少了一份爱,少了一份对孩子来说最珍贵的、谁都无法替代的来自妈妈的贴心的爱。而他的内心正强烈地渴望着那份爱!我们久久地相拥,泪水模糊了我的双眼。

我把孩子爸爸请来学校,告诉他不能疏于对孩子的管教,更不能阻止孩子与妈妈联系,否则受伤的只能是孩子!给不了孩子完整的家庭,又怎能剥夺他享有母爱的权利?!尊重孩子,就是给孩子最好的爱!

第二天,我告诉班里孩子们:"原来彩笔不知被哪位拾金不昧的同学放到老师办公桌上了,没能及时发现,是老师的错误。"当我翻看他日记时,我发现他字迹清秀工整,他还写道:"故意'藏'起了别人新买的彩笔,没有主动认错,现在我后悔极了!"看到他的日记,我写给他的评语是:"老师看到了你真诚改过的心,所以才愿意帮你,给了你一个理由。"

从此以后,他经常交来自己捡到的钱、书、文具等,我也及时在班里表扬他,并给他发喜报鼓励他。

看来,给德育一个理由,就能拯救一个灵魂!我会用心守护这个秘密,用爱破译他们行动的密码。

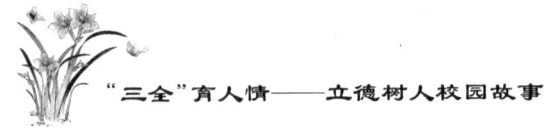

多一分耐心,多一分鼓励

翟志然

时光荏苒,日月如梭,我做班主任工作已经十个春秋了。2010年毕业后担任班主任兼数学教师,回首10年的教育之路我没有轰轰烈烈的壮举,也没有值得称颂的大作为,可是平淡的教育生涯却赋予了我宝贵的课堂教学经验。

2020年刚接五年级(9)班,班里的有个学生叫王泽福。自从我接到这个班,他一次家庭作业也没有完成过,每次都是空白作业本交上来;行为习惯差,上课小动作多,还影响别人学习,对学习一点也提不起兴趣;下课追逐打闹,喜欢动手动脚。但他特别聪明。一个星期过去了,我想找他谈一谈。

"王泽福,你要把聪明放在学习上,你肯定是一个出类拔萃的好学生,为什么家庭作业一点不写呢?"他没有回答,就是一直发愣。我想可能是对我比较陌生,不想深入跟我沟通。于是,我决定给他家长打电话了解一下情况。原来,他们家长年做生意,家里有三个孩子,忙得顾不过来,每天放学后泽福都在学校门口的图书室那儿等着家人七点来接。

我问:"回到家都不写作业吗?语文、数学都不写,那每天晚上吃完饭干什么?"

"看《新闻联播》,每天都看,已经看了两年多了。"

我听到家长的回答,感到很不可思议,一个对学习这么不感兴趣的学生却能一直坚持看《新闻联播》。于是我就从《新闻联播》入手,那几天我也一直坚持看《新闻联播》,下了课就把他叫过来,聊一聊新闻上播的是什么。没想到他说得头头是道,讲起来还有点忘我,神采飞扬的,我想我找到教育他的最佳切入口了。我说:"我们每天都有共同的话题真好,而且你这么关心新闻上发生的大事,说明你是一个非常有责任心的孩子。那么每天晚上老师布置的作业就是你作为学生的任务,坚持完成它,也是责任心的一种体现。"他微微点点头。

我等着他的变化,期待他第二天的家庭作业。果不其然,作业写了,但是没有写完整——单位不带,答案不对,步骤不齐全。但就是这点滴的进步让我看到了他的改变,在班里很夸张地表扬了他,还直接奖励了他一个大拇指徽章,要知道平时可是得有十朵红花才能换一个徽章的,他非常高兴地回到了自己的座位。

改掉原来的习惯毕竟不是一朝一夕的事,一个月过去了,王泽福虽有进步但还是时常完不成作业。我正想再找他谈话,碰巧那天下午是我们班和五(2)班的足球比赛,而他作为主力上场了,他在足球场上的表现与学习方面可谓是判若两人,机智、敏捷、很会跑位,我和同学们一起大喊:"五(9)班加油,王泽福加油!"整个比赛过程他很投入。比赛虽然输了,但我还是给参赛的5个同学发了奖状作为鼓励,他走到我的跟前说:"老师,其实我们可以赢的,我再跑快一点最后一个球就进了……"看着他既气愤又惋惜的样子,我拍拍他的肩膀说:"没关系,吃一堑长一智,你已经做得够优秀了。其实在班里老师对待孩子们学习时的心情和你这会儿的心情是一样的,不让每一个孩子掉队。要是你也每天都写完作业,那咱班就都完成作业了……你明白老师的想法吗?"那天我们聊了很长时间,我终于得到了他完成作业的保证。

终于,一切努力都有了回报。一次考试,他竟然考了97分,我抓住这个时机又表扬了他。下课后,他从我手中接过成绩单说:"老师,我看一下。""难道你不相信吗?"他看完后,欣慰地笑了。

对于他的这些变化,我作为一名教师感到很欣慰。多给学生一点耐心,多给学生一些鼓励,教师不经意的一句话,可能会创造一个奇迹。上面这个案例使我明白了教师要善于随时捕捉学生的闪光点,及时进行欣赏激励,哪怕是对学生很少的一点关注、一点赏识,也会让学生激动不已,变成进步的动力。

启思润德　以爱育爱

宋海娟

　　教育是爱的教育，爱心、耐心、责任心是作为一个老师应该有的素养，我总是从细微处表达对孩子的爱。孩子肚子不舒服，给他递上一杯热水；孩子感冒了，用自己的脸贴上学生的额头，试一试他是否发烧；有的孩子值日不认真，我拿起笤帚，和他们一起扫地；孩子进步了，送上一句鼓励的话语；捡起孩子掉在地上的钢笔；帮放学时匆忙穿衣服的孩子拉上拉链；奖励在运动会上付出努力和汗水的孩子一个棒棒糖……

　　教师的爱如同阳光普照大地，如同雨露滋润万物，但我认为，爱孩子不是一味地溺爱、偏爱，教育出有正气、懂感恩的孩子更重要。

　　现在的孩子都是家庭的中心，家长不仅为孩子创造了养尊处优的生活条件，更为他们提供了众星捧月的生活氛围。只要孩子过得好，家长再苦再累也心甘情愿，根本不求什么回报，使本来应为双向互动的家长与孩子之间的情感交流，成为仅是家长对孩子无私奉爱的"单边行动"。部分家长的过度溺爱，使不少孩子认为一切都是理所当然的。

　　作为班主任，我认为爱是可以培养的。我经常和孩子谈心，做孩子的思想工作。没爱的孩子激发他的爱，有爱的孩子告诉他怎样去爱，不会爱的孩子手把手地教他去爱。告诉他严是爱，松是害。利用各种节日开展感恩教育，妇女节、母亲节、父亲节、重阳节等节日让孩子表达他们的爱，不仅教孩子爱父母、老师，还要爱身边的人。我始终坚信"爱人者人恒爱之"。只要用真诚去呵护，用爱心去浇灌孩子的心，把爱洒向孩子的心底，就一定能赢得孩子的爱。

　　如果我是一棵大树，那么学生就是我身上的片片树叶，有他们我才会枝繁叶茂，才可以享受阴凉，才可以牢固地站立在大地上。如果我是河流，那么学生就是我怀里的点滴水花，有了他们我才会奔腾入海，才可以翻出点点浪花。感谢我的学生们，言尽于此，唯爱永随，希望他们都可以成为国家之栋梁，实现自己的人生价值。

第一部分 管理

师生共写班级日志 培养向善好少年

苏会舟

近几年,我看到了很多关于"熊孩子"的案例,比如,"熊孩子在电梯内撒尿致电梯停运""熊孩子组团连划 29 辆私家车""熊孩子将滚烫的火锅汤泼向陌生姑娘""熊孩子高空抛物砸死路人""熊孩子恶作剧导致 2 岁女孩坠楼身亡"……每当传开一起"熊孩子"事件,必定伴随一句话,"熊孩子背后有一个熊家长",这是有一定的道理的。那么,我作为一名基础教育工作者,在日常班级管理中,如何在学生心中播下向善的种子呢?

我反复翻阅《让学生看见你的爱》这本书,沈丽新老师充满爱心的教育理念深深地感染了我。其中有一篇文章是《看见大家的善意和美德》,沈老师的做法给了我一些启示。我也极力引导学生们看见别人的善意和美德,希望女孩温暖、男孩善良,记住别人的善意,把感恩、助人等美好的品质带在身上。我充分发挥语文老师的优势,师生共写发生在我们身边的让人感觉温暖的事,班级日志的封面标题就是"看见大家的善意和美德"。

下课了,小贝同学装牛奶的水杯被撞碎在地板上,正当她想生气的时候,瘦小的郭宇瑄同学拿着拖把快步走来了,热心的胡子浩同学也眼疾手快地拿来了扫帚和簸箕,他们在大家的注视下,三下五除二地清理了玻璃碴,拖干净了地板,安静地回到了自己的座位上。一场教室里的风波刚一开始,就已经悄然结束。

事后,小贝同学在班级日志上写了这件事的具体经过,郭宇瑄、胡子浩同学热心助人的故事不仅记在了纸上,也记在了全班同学心中。每次翻阅,都能感受到善良如春风温暖人心。

受班级日志的启发,我隔一段时间就布置一次类似主题的作文,如《一件让我温暖的小事》《这件事温暖了我》《这件事打动了我》等,促使学生以一双明亮的眼睛观察身边的人,以一颗敏感的心感受来自他人的善意和温暖。挑选典型事例,放入班级日志或者班级公众号。

在这样的班风的引领下,我班同学踊跃参加小龙人志愿活动,参加福利院慰问演出,到公园绿地清洁家园,给清洁工人送水。生活中,我们从小事

做起,为社会、为他人献仁爱之心,献微薄之力。

人之初,性本善。不要让好孩子变成"熊孩子",不要让"熊孩子"变成坏孩子,作为班主任老师,我们责无旁贷。

第一部分 管理

说说我班的"班头"

王悦丽

说起我班的班干部,那可是一肚子的话说不完。刚入学时不了解,凭感觉指定了几个"敢说、想干"的,但一段时间之后,发现个别班干部眼高手低,只说不做,或者做得一团糟。没办法,我只好亲自上阵,督促、提醒,手把手地教,但孩子毕竟年龄小,稀里糊涂地当"干部",把自己也累得够呛。现在班里的班干部,是三年级竞争上岗的,经过时间的历练个个都能让我竖大拇指。今天只说我班的"班头"——闫一凡。

他爱读书、有想法,眼睛炯炯有神,说话做事很干脆、果决,最突出的是直愣愣向上竖着的头发,给人一种特别的感觉。竞选时他侃侃而谈,博古论今,吸引了众多的支持者,最终获得了班长的职位。但现实和理想差距较大,刚开始接手班长这个职位时,我看到了他的盲目:班级工作不会安排;自我约束能力有待提高;和同学不能友好相处,要么用"压"的方法管理,要么置之不理。没过多久,已经有意见的同学坐不住了,找到我说要罢免这个不称职的"班头"。这可不行,得授之以渔了。于是,我抽时间和他谈话,告诉他做好一个班干部不是那么容易的,要以理服人,正人先正己,时不时地教给他方法,谈管理。一边教着他,一边还要稳住班里的同学。告诉他们,我们应该相信班长的能力,应该给他时间慢慢学。

他没有让我失望,也没辜负大家,经过一段时间的磨砺和自己的摸索,他成长得很快,对班级纷杂事务的处理越来越得心应手了:教室环境整洁舒适;早读午后秩序井然;如果哪一天我有事,他看着上自习,安排得也是妥妥的,很让大家信服。

一件事更让我对他刮目相看。那是一次队课,由于害怕学生组织不好,队课基本上我还不怎么放手,当我说完需要注意的问题后,"班头"忽然站起来:

"王老师,我想补充几点!"听到他坚定的话语,大家纷纷把头扭向了他。

"好啊,你来前面说吧。"我鼓励他。

"同学们,我发现上一周咱班个别同学在课间大声喧哗,做一些不文明

的游戏,有一些动作还很危险,我认为这样很不好……最后,还想送给大家几句话,你代表的不是你自己,而是一个集体,你的言行直接影响了我们班的荣誉,所以,我希望大家要有集体荣誉感!"

话音未落,掌声已经响起。当时我给了他一个高高竖起的大拇指。"班头"可以让我放心了,他已经明白了班干部的含义,知晓了班干部的责任,我真的很欣慰。

还有一次,我班和隔壁(2)班发生了矛盾,他处理得也很到位。我班听到(2)班的口号是勇争第一,几个孩子很不服气,讥讽(2)班,(2)班也不示弱,用难听的话讽刺我班,就这样打开了嘴仗。班长告诉我他来处理这件事,我答应了。

课前,他先让(2)班班长监督我班几个说脏话的孩子跑几趟楼梯(方法欠妥)。自习课上,他先给大家说了处理那几个同学的办法,接着告诉大家:"我们每个人都想争第一,但只凭嘴去说,没有方法和毅力根本不行,你羡慕别人,不如脚踏实地地去做,只要我们用心去做了,坚持了,肯定会成功的!"他的话不仅告诉同学们应该怎样和别人相处,更告诉大家应该如何去实现自己的目标和追求。我想,这番话,更多的是他自己的人生态度和方向。他的进步得益于他的读书,得益于他的努力,更得益于他的用心。课下,我和他又探讨了用什么样的方式"惩罚"犯错的同学才最让人信服,才最有效。他承认了罚跑楼梯不合适,以后会注意方式、方法。

现在,"班头"在我班的威信越来越高,我不在的时候,他完全能独当一面。"宝剑锋从磨砺出,梅花香自苦寒来",不经风雨,怎能见彩虹?"班头",向着更高目标,出发吧!

第一部分 管理

育人先优己 润物细无声

陈 瑶

濮阳市第二实验小学是全国文明单位,在李慧军校长的智慧引领下,在这里学习的孩子们是幸福的、快乐的;这里的老师们,脸上也总是洋溢着甜美的笑容,因为这是他们深爱的沃土,他们也像孩子一样,在这片神奇的沃土上幸福快乐地成长着。

2020年11月28日,我有幸参加了学校为期一天的团队建设与发展的培训。在这一天中,我们集体参与了各种各样的游戏活动。通过这些活动,我们了解了团队的含义、团队的特征以及一个成功的团队所需的条件。一天的培训活动是短暂的,但是给我们带来的思考却是无限的。尤其是怎样把我们在游戏及讨论中所学到的东西运用到工作中,更是我们需要思考的问题。

第一个游戏:蒙眼解绳绘制正方形

领导力,对团队的组织者来说,尤为重要。失去领导,团队将是一盘散沙,无法凝聚整个团队的力量。在游戏中,我们需要一个领导人物,来引领整个任务的完成过程,协调各方的意见,以达到一个最优化的解决方案。同样,在工作中,我们也要去思考如何高效地去完成一件工作,发挥有利的因素,排除不利因素,高效地完成任务。在"蒙眼解绳绘制正方形"的游戏中,大家都被蒙上眼睛,在无法预测外界环境的情况下,领导的指导能力就显得尤其重要。服从指挥,才能顺利地完成任务。在工作中,我们有时就需要服从领导的安排,配合他完成任务。

第二个游戏:移动托盘

队员之间相互协作,是团队中重要的一部分。群策群力,共同出力,才能发挥团队的最大作用。"移动托盘"的游戏,仅靠个人的力量是无法完成的。我们应该清楚团队的目标,更要具备清晰的解题思路,当发现队友走错时,要及时纠正,避免他走弯路,这也告诉我们,我们要认真走好脚下的每一

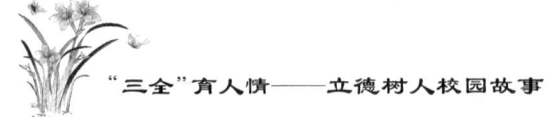

步,在我们的工作岗位上,千万不要因为自己的疏忽给学校带来不必要的损失和麻烦。这个游戏也让我们意识到团队协作的力量是无穷的。联系到工作中,在完成每一项工作时,我们考虑的不应仅仅是各班小团体的利益,而应该考虑到整个年级,甚至是整个学校的利益。目前,学校的各个部门之间的工作基本上都是相互衔接的。前面的工作做好了,才能使自己的工作顺利进行下去;自己的工作做好了,才能使下个部门的工作顺利进行。部门之间需要的是相互合作,而不是相互牵制。

第三个游戏:七彩组合板

服务,是团队建设的核心内容。每个组员都应该为整个组服务,而项目组长想得更多的是对这个团体负责,大家的目的都是要把工作做好。工作最终要靠整个团队,而不是某个人来完成。要立足于服务,给团队成员创造出一个良好的工作环境。换句话说,组织者的任务是把台子搭好,让团队成员把戏唱好。即便是团队成员最终超越了你,你真诚地帮过他,他自然也会帮你,何乐而不为呢?所以,不要吝啬,把你知道的东西告诉你的同伴,不要有妒忌的心理,这是非常忌讳的。

在工作中,我们更要互相帮助,为团队最终目标的实现共同努力,心往一处想,力往一处使,达成团队目标,我们都会从中受益。

最后,总结教训经验,这也是团队建设重要的一环。就像每次游戏完成之后,我们都会问学生学到了什么,失败的原因是什么,怎样才能做得更好、更完美。同样,在工作中,我们也会碰到这样那样的问题。有些问题我们无法避免,但是怎样避免同样的问题再次发生,也至关重要。总之,团队要想建设好,不仅仅是领导有方,更需要团队里每一个人的努力,只要我们都能热心、负责、真心地和团队成员交流,充分调动每一个成员积极参与团队建设和未来的发展,大胆创新、不断进取,团队成员才会为了团队目标共同奋斗、共同努力,才能打造一支和谐、高效的团队。

育人先优己,在这次团建活动中,老师们收获颇多,在以后的班级管理工作中,我们也要时刻教育孩子们,要有团队意识和大局意识,"润物细无声",让我们一起静待花开,静听花开的声音。

第一部分 管理

用欣赏的眼光看待每一个孩子

张 红

孩子有纯真的心灵、诚实的态度、自然的感情、善良的愿望,教师要时刻把学生摆在心中,多为他们着想,用欣赏的眼光看待每一个孩子,孩子们才会心悦诚服地接受教育,主动地提升自己。

2019年9月,我刚刚接任四(1)班的语文教学和班主任工作。当时有很多学生给我说,小麒、小卿、小博三位学生什么都不会,考试的时候什么都不写。这三个孩子一直坐在讲台的两侧,老师紧盯着也不干,是典型的不喜欢学习更不喜欢写作业的孩子。针对他们三个的情况,我先把他们的座位调了,不再让他们坐在讲桌的两旁,因为坐在讲座的两旁就仿佛被全班同学贴了差生的标签似的。根据个头,调到相应的位置,并且都和学习好的孩子同桌,方便同学帮助他们。然后我在班里向全班同学宣布,张老师刚接班,不知道大家谁学习好,谁学习差,你们现在都要努力,让张老师认识一个爱学习的你。看看谁给张老师的印象最好。

果然,我看到了他们三个男孩子的变化。上课积极举手发言了,听课认真了许多。但还是不爱写作业,每天早上收作业的时候,要么没写,要么写得没法看。这可怎么办呢?我首先观察三个孩子在课堂上写作业的状态。通过几次观察,我发现他们写字的笔顺大都不对,随便连在一起,说是写作业,不如说是画作业。我认识到事情的严重性,如果不教给他们最基本的书写规则,他们是永远不会把字写好的。于是,我有意识地,只要是新学习的字都一笔一画地教,只要看到他们写字笔顺不对,再简单的字也要一笔一画教他们写。看到他们一笔一画认真写字也一定会大加赞赏,提高他们书写的自信心,激发他们想写好字的愿望。就这样,一边教着一边鼓励着,这三个孩子的书写都有了很大的进步。学习成绩自然也有不同程度的提高。

孩子们主动、投入地学习,自信、快乐地成长是每位家长、教师的期望。同样,每个孩子也都希望自己越来越优秀,得到老师及家长的认可和赞扬。作为老师,我们要关注每一个孩子,用欣赏的眼光看待每一个孩子,尽力寻找他们的闪光点,让孩子体会成功的快乐!

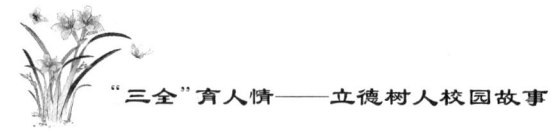

倾听就是爱

石庆利

热爱一个学生就等于塑造一个学生,而厌弃一个学生无异于毁掉一个学生。苏联著名教育学家苏霍姆林斯基就曾花10年时间,将一名有偷窃习惯的学生培养成了一名成功的农庄主席。每一位学生都渴望得到老师的爱,尤其是那些家庭有过特殊变故的学生,容易形成特别性格,这就要求教师真诚相待、热情鼓励、耐心帮助,用师爱的温情去融化他们"心中的坚冰",让他们在愉快的情感体验中接受教育。爱学生是教师最重要的职业道德。爱学生就必须做真诚的倾听者,不做真诚的倾听者,就算不上爱学生。

曾经看到这样一则故事:林克莱特是美国知名节目主持人,一天他访问了一名小朋友:"你长大了想当什么呀?"小朋友回答:"我要当飞机驾驶员!"林克莱特接着问:"如果有一天,你的飞机飞到太平洋的上空,所有的引擎都熄火了,你会怎么办?"小朋友想了想说:"我先告诉飞机上的人绑好安全带,然后我挂上我的降落伞,先跳下去。"当场上的观众笑得东倒西歪时,林克莱特仍注视着孩子,问:"为什么要这样做?"孩子回答:"我要去拿燃料,我还要回来!"看到这里,我想倘若没有林克莱特的那一份亲切,那一份平和,那一份耐心的倾听,在观众笑得东倒西歪时,小朋友还有勇气说出人世间最善良、最纯真、最澄澈的话语吗?所以,老师要倾听,学生才有表达自己想法的勇气。倾听是理解、是尊重、是接纳、是期盼,倾听就是爱。

有这样一件事情使我记忆犹新。有一次上体育课要进行跳绳训练,准备迎接年级组跳绳比赛,班里成绩非常优异的一个孩子小伟没带跳绳,我当时很是生气,不等他解释,就批评他说:"我通知带跳绳你不带,就如同上数学课不带数学书一样,体育课没带锻炼工具,如何进行训练?你站在一边看着吧。"小伟想对我说什么,支吾了一声又没说,同学们开始进行训练活动了。

下课了,我走到他面前,问他为什么没带跳绳。他说:"因为我昨天病了没来上课,体育队长通知带跳绳我不知道。"这时,内疚、愧悔……这些词语都不足以表达我的心情,我不分青红皂白地批评他,没有给他解释的机会,

那样武断我很后悔,我真诚地向他表示我的歉意,希望他能原谅我的错误。这时,笑容重新回到了小伟的脸上。

这件事虽然已经过去,但对我永远是一个提醒。从踏入师范院校的那一天起,我就知道,自己的一生将与孩子结下千丝万缕的情缘。理解与尊重每一个孩子,用无私的爱倾听他们内心的声音,是教育的起点。在今后的教育教学生涯中一定还会遇到许许多多类似的事情,我为自己立了这样一句格言:"用爱倾听每一个孩子心底的声音。"

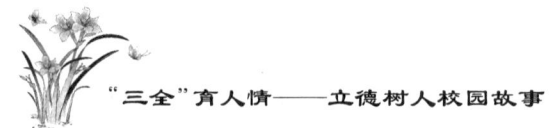

跨过那道门槛

王悦丽

走进教室,早到的孩子们已经开始了晨读,离期末考试还有一个月的时间,这是小学升初中最关键的时刻。虽然成绩好坏都能进入中学,但最后的一次成绩检测和进入中学的摸底考试是每个孩子都应该用心对待的。

"咣当"一声打乱了我的思绪,也引起了前排几个孩子的注意。原来是小哲进教室时踩到了门槛上,因为是金属的,响声很不好听。看到我们看他,小哲有些莫名其妙,我摆摆手,让他进来,读书继续。

"咣当,咣当……"不和谐的声音再次响起,前排几个同学已转移了注意力,我皱起了眉头,可进来的孩子毫无反应。

预备铃响起,我没有走上讲台,而是走到了教室门口,当所有人把目光集中在我身上的时候,我抬起脚跨过门槛。我重新回到门外,再次重复这个动作。看到我连续做的动作,有些同学恍然大悟。我请两个同学出来,他们学着我的样子,也一一跨过门槛。

轻轻抬起脚,跨过门槛,也展示了一个人的修养。

有时候,我们不需要絮絮叨叨地讲很多大道理,只要一个轻轻的动作,学生就会明白该如何去做。

教室的门槛你知道了如何跨过,生活中也有很多门槛,你能说说吗?

"做一件事遇到困难时。"

"和别人争吵、发生矛盾时。"

"爸爸妈妈批评自己时。"

"考试不理想时。"

…………

当遇到这样那样的门槛时,我们应该如何跨过呢?

"我觉得,遇到困难应该多想办法,不能轻易放弃。"

"做人应该大度,学会宽容,这样才能交到朋友,不能斤斤计较。"

"父母批评自己也是为自己好,我们应该学会感恩。"

"我觉得,现在我们即将升入初中,最后的复习也是一个门槛,如果复习

得好,最后就会得到满意的成绩。"

…………

是的,在以后的人生旅途中,迎接孩子们的门槛还有很多,面对纷繁的世界,希望他们用自己的方法和态度跨过每一道门槛。

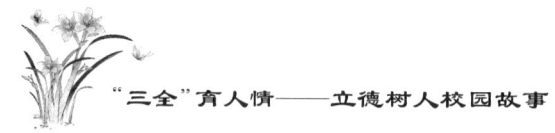

"三全"育人情——立德树人校园故事

润物细无声
——让学生信服自己

聂莹莹

"学高为师,德高为范",从我踏入师范院校大门的那一刻开始,我就始终铭记于心,并时刻用来指导自己的行动。老师教导我们,一名优秀的教师不仅要具备丰富的知识,提高自身素养,更要具备良好的师德,尊重学生,运用教育的艺术做到春风化雨,滋润学生的心田,从而让学生信服自己。

大学一毕业,我如愿地走上了教师的工作岗位,成了一名光荣的教师。

每天早晨,我都会在早读课之前到达教室,在教室门口迎接每一个孩子,组织已经到校的孩子大声朗读和背诵。而我也以身作则和他们一块读,就这样我读书,他们读书,他们问,我回答,与学生之间的相处很融洽。

为了能了解学生的知识掌握状况,对学生的作业总是及时批改,及时反馈,在学校改不完就带回家改,一批就是半夜。虽然很累,但是每每想起班里那些可爱的孩子,内心总是暖暖的,有句话叫"累并幸福着"。

对学生实施人文关怀和人性管理是我工作的核心。我们班人数较多,但我并不为此烦恼、忧愁。以积极乐观的心态对待班里的每一位学生,把智慧的种子和爱的阳光播撒到每一位孩子的心里。让他们都感觉到老师的可爱、可亲、可敬,感受到班集体的和谐、温暖、幸福。

我们班的座位安排,都是让孩子们讨论决定的,而且定期轮换,对少数不同的意见,同样采纳并试行,直到大家都没意见、人人满意为止。在我们班,民主和自愿是两大主题,学生充分享有话语权,走进我们班,你能看到每一位笑容如花的孩子。

教师的工作,就其本身的性质和逻辑来说,就是始终关心儿童。苏霍姆林斯基《给教师的建议》的书中这样说:"请你任何时候都不要忘记:你面对的是儿童的极易受到伤害的、极其脆弱的心灵,学校里的学习不是毫无热情地把知识从一个头脑里装进另一个头脑里,而是师生之间每时每刻都在进行的心灵的接触。"

书中还这样说道"建立师生之间的友谊是要付出巨大劳动、花费许多精力的",但是我觉得低年级建立跟学生之间的友谊其实很简单。不经意的一个微笑、一个拥抱、一句鼓励等就能让学生开心一天,甚至会让学生记一辈子,改变一生。

记得那节语文课,我们班一个孩子没有带语文课本,但直到让孩子自由读书的时候我才发现,当时我并没有想那么多,课堂时间如此珍贵,怎能打扰大家读书呢?于是,我静静地走过去,俯下身悄悄地问他:"孩子,你的书呢?"那孩子很惊恐,没有语言,抬头瞪着我,迟迟不肯说话。"是忘带了吗?"我小声地问他。他的眼中充满了"恐惧",低下头,不敢直视我了……又微微点点头,真是令人好气又好笑!

看到孩子"害怕"的样子,我不敢再说话,于是我拍拍他的肩,去讲台上拿来自己的书,轻轻放在他桌上:"没关系孩子,老师有时候也会忘带东西,来,先用我的吧。"我又摸摸他的头,以示安慰。

这是一件很小、很普通、很常见的事,因为孩子毕竟是孩子,我也不觉得自己做了什么,每一位老师遇到这种情况都会这样做。

可是,在晚上的时候,我意外地收到了他妈妈表达感谢的短信。

我当时很惊讶,原来我们不经意的举动,会影响和改变孩子。正所谓"春风化雨润心田""儿童是脆弱而无助的",如果儿童有什么地方做得不好,你就对他说:"没关系,孩子,请你试一试,再来一次,只要下功夫,你就是最棒的。"当你对孩子多一点爱心、耐心时,你就会看到学生向老师绽放的那一张张花朵般美丽的笑脸。

班级管理"玩"出新花样

郝庆义

有人说:"绿水和青山沟通,就成了画;百鸟和森林沟通,就成了景;阳光和绿叶沟通,就成了诗。"那老师和学生沟通,就是一颗最甜的糖。有效的沟通,从班级管理开始。

为了让每一个孩子幸福成长,本学期我进行了"大刀阔斧"的班级改革——"游戏晋级"班级管理机制,即学生主动参与、主动学习、主动阅读,充分调动学生学习内驱力,以学生为主的班级管理机制。班内墙壁张贴学生晋级榜,晋级榜共分为十个等级:青铜、白银、黄金、铂金、钻石、皇冠、王牌、学霸、学神、最强大脑。每晋级一次,照片向前进一格。为调动学生学习的积极性,每晋一次级抽一次奖,在平淡的学习中,给孩子一些小惊喜。

在有效的学习中,我还设置了"免作业卡",凡是周一到周五作业认真,表现良好,可得到免作业卡一张,这样有奖有罚,更加增强了学生学习的主动性,也得到了家长的认可和支持!我们班张莞尔小朋友是班级中的佼佼者,也是同学学习的好榜样,她的作业规范认真,第一周就得到了免作业卡,之后的作业更是一如既往地规范,我把她的作业在全班展示,让孩子们看一看,什么样的作业可以得到免作业卡。在我的引导下,接着一周我们班孩子的书写,像施了魔法一样,一个个方块字都规规矩矩地立在格子里。

在班级管理中,不仅要有秩序、有方法,还要顾及班级中的每一个人。通过班级晋级榜,可以看到每位同学的表现。我们班王梓彤同学是一名典型的中等生,性格内向,成绩一般,安安静静。她信心不足,表现欲不强,晋级榜上的照片停滞不前。通过与音乐老师沟通,我知道了她爱唱戏。于是我单独与她沟通,说半个月后有一个读书展演活动需要一名同学来唱一段戏,要把这个任务交给她,她的小手紧握着,带着哭腔告诉我:"老师,我不敢。"在我的不断鼓励下,她接受了任务,接着,我及时和她的家人进行沟通,让他们也一起鼓励孩子,终于在读书展演活动中她成功地表演了节目。她性格开朗起来了,朋友也慢慢地变多了,而且每次的进步都可以得到奖励,晋级榜也开始"跳跃"起来。

第一部分 管理

　　教育是一个说不尽的话题,为了一切孩子,为了孩子的一切,一切为了孩子。无论是沟通的艺术还是管理的花样,都融入了老师对学生的爱,因为爱,让教育更有温度。

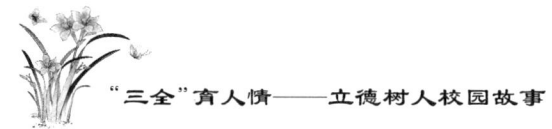

我的班级管理"试卷论"

李建方

当一名小学班主任是一个很有挑战的任务,学生还不能完全照顾自己的学习、生活,班主任不光要关注学生的学习,还要因人而异,努力开发适合每个孩子全面成长的土壤。因此,当好班主任要有精力、爱心和方法,更重要的是,教育思路和理念要有合理的定位。在这里,我并不想把我的班级介绍出来,我只是想把我探索的过程和成长的经历说出来,希望能引起更多的讨论和思考。

三年前,我第一次担任小学的班主任。半年后回顾,虽然我投入了极大的精力和心血,但效果并不令我满意。我遇到了很多老师都会遇到的问题:如何管理班级里的后进生和调皮的学生。在这方面,我表现得无所适从。看到其他有经验的班主任应对得如此从容,我很着急。我把这些学生视为班里的顽疾,制定措施整治他们,向他们大发脾气,我甚至认为遇到他们是很遗憾的事情。最后,我感到心力交瘁,但依然没有多大起色。

两年前,我给一个五年级的班级上课。有一天班长怒气冲冲地来找我:"老师,我不想干了,那几个同学太气人,我看见他们就头疼。"为了不让我误会,她还补充道:"老师,换成其他班,我还给你当班长,但是这个班,我一点儿也不愿意干了。"她一下子把我难住了,我不知道怎么办才好。换人肯定是不行的,这个班长一直很敬业,而且我也没有找到其他更合适的人选。事后,我搜肠刮肚地想出了很多话,试图用来说服她。

当那位班长再次找我诉苦时,我很从容地和她聊了起来。我说:"其实啊,哪个班级都一样,如果我真把你放在其他班,你会发现,让你头疼的同学还是不少。我带过好几个班,比你更了解其他班级的情况。"班长带着疑问的眼光看着我,像是在征求我的意见。我接着说:"你不妨这样想,你把9班想象成一份试卷,每位同学都是一道题,而你就是考生。听话的同学比较省心,是一道简单的题;调皮的同学比较费劲,是一道有挑战性的难题。你想想看,你会因为试卷中有难题的存在而放弃考试,或者要求调换试卷吗?""不能。"班长摇摇头。"你再想想看,试卷里是简单题的分值大,还是难题的分值大？""当然是难题分值大，有的还会大好几倍。""对啊，你要想锻炼自己，让自己成为优秀的班干部，就必须要经历这样的考试，也必须要把其中的难题想办法做好，如果不直面困难，攻克难题，你是不会获得高分的。"班长若有所思，满意地去了。

我为我能说服班长而沾沾自喜，之后，我很自恋地把自己说过的话品味了一番，越琢磨越有味道。我突然想，班长遇到的问题，不也是我遇到的吗？能让班长信服的话，对我是不是也适用呢？结合这些话，我对我的工作做了长时间的反思，发现班主任工作与考试有很多相似之处，我总结了一下，姑且戏称为班级管理"试卷"理论，说出来与大家分享。

首先，考试时如果发给我们一套一年级的试卷，我们肯定不屑于去做，因为它太简单了，令人感到味同嚼蜡。在班级管理中，如果指望班里全是优等生，那么工作就太索然无味了。

其次，要想考出好成绩，必须要攻克难题，因为简单题谁都会做，难题才是拉开差距的主要因素。在班级管理中，管理好后进生和调皮的学生非常重要，好学生谁都会管理，差生是区分班主任水平高低的重要标尺。

再次，试卷中容易的题目分值小，难题的分值大，这是再简单不过的道理。在班级管理中这个道理同样适用，管理优等生是基础，管好了很容易，但让一个后进生发生转变，班主任、学生、家长都会感到有非凡的意义。

最后，在考试中，容易题一笔而过，难题会消耗我们很多的精力和时间，这很正常。班级管理中，如果后进生让我们绞尽脑汁，竭尽全力，这也很正常，我们大可不必为此而烦恼。

当然，考试与班主任的工作还有很多联系，我只是择其一二罢了。但"试卷"理论确确实实修正了我的工作态度和理念，让我有了明确的方向。当我再次担任班主任时，我信心满满。遇到班级难题，我不再愁容满面，怒发冲冠，我开始心平气和地想办法、找策略，就像对待试卷中的难题一样。在学生面前，尽管我会有很多情绪表露，但我的心情是平和的。针对后进生，我不再抗拒挑战，我理解他们，相信他们，对他们不轻言放弃，因为我知道，他们哪怕一丝一毫的转变，都会给我带来不一样的喜悦和成就感。想想看，为他们的每一点转变而感到欣慰，为他们的每一步成长而感到自豪，这不令人向往吗？

我很憧憬这样的场景：多年以后，当我再次遇到他们，我会说：嗨，就是你们几个家伙，让咱的班级丰富多彩，也让我的工作更有意义！

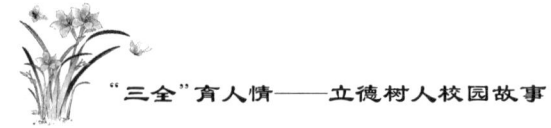

爱,就是帮助

高素平

生活中的每一次进步改变,每一次成功失败,都需要我们用心去体会、去感悟。如果我们的心灵是暖的,那么眼前出现的一切都会变得惬意和甜美——灿烂的阳光、晶莹的露珠、缤纷的落英和飘荡的白云……无论生活工作多么劳累,我们都会感受到来自心底的快乐。爱是相通的,你爱孩子,孩子也爱你。

一、爱心——温暖学生

巴特尔说:"爱和信任是一种伟大而神奇的力量,教师载有爱和信任的眼光,哪怕是仅仅投向学生的一瞥,幼小的心灵也会感光显影,映出美丽的图像……"学生刚到一个陌生的学校,班主任就是他们的亲人,所以,班主任要像妈妈一样,关心和爱护他们,孩子们才能向你打开心扉。

我班的小鸣,父母离异,没人管他,上课不听讲,不写作业,课下骂人打架,常常弄得大家上不成课。怎么办?我决定找他谈心。有一天,放学后,我留下了他,当我问起他的爸爸妈妈时,孩子刚开始不说,停了一会儿,泪流满面。我因此知道了孩子的不幸,他小小的心灵承载了多大的痛苦啊!孩子没有错,他应该像其他孩子一样快快乐乐地生活。于是,我处处关心他:他的橡皮没有了,我给找;他的铅笔盒丢了,我给买;课堂上经常提问他,及时表扬他;写作业时,耐心辅导他。孩子幼小的心灵得到了安慰,有一天,他跟我说:"老师,我能叫你妈妈吗?"我听后鼻子酸酸的,急忙说:"怎么不能呢?以后我既是你的老师,也是你的妈妈了。"渐渐地,孩子什么话都和我说,他真的把我当成了妈妈,慢慢地,孩子的学习习惯、学习成绩也有了明显的好转。

因为孩子们小,不会照顾自己。当看到有的孩子流鼻涕时,我会掏出纸巾给他擦掉;当看到有的孩子的红领巾掉下时,我会给他系上……这些,都在潜移默化地滋润着孩子的心灵,使他们健康成长。

二、耐心——感召学生

蔡元培反复说过:"教育就是一种帮助。"帮助学生必须要有耐心,这是由教育的长期性与反复性决定的。学生知识的积累、能力的培养、品德的形成,都不是一朝一夕、一蹴而就的,而是要通过反复的训练与实践才能实现。后进生的进步犹如蜗牛行走,缓慢至极,往往是今天变好了,明天又变差了,反反复复,难以巩固。教师绝不能有"朽木不可雕也""恨铁不成钢"的思想,需要坚持正面教育,用循循善诱的方法,经常性地做耐心细致的思想转换工作,最大限度地调动他们的积极性。

我班的小静同学,思维反应慢,作业脏乱且错题多。昨天学过的生字词,今天听写就不会了。怎么办?不能落下一名学生,于是,每天放学后,我辅导她写语文、数学作业,耐心给她读题,每读一道题,我都问她:"本题有几个要求?每个要求是什么?"这样使她知道了怎样审题,在做题时,我告诉她:"每做一道题,就检查一道题,不会的自己翻翻书,实在不会的再问老师。"经过一段时间的共同努力,她的学习水平终于有了提高。她的妈妈说:"高老师,真的谢谢您了。"眼里竟然含着泪花。老师的付出,孩子是知道的。有一次,我让用"爱"造句子,她说:"我爱妈妈,更爱老师。"一个句子,用了两个"爱"。表达了孩子对妈妈的爱,对老师的爱。我及时表扬她,使她增强了学习的信心。

既然我们从事着太阳底下最光辉的事业,那就要让光和热温暖每一位孩子,帮助每一位孩子,把爱洒向每一位孩子,呵护每一颗幼小的心灵,使孩子们健康快乐地成长!

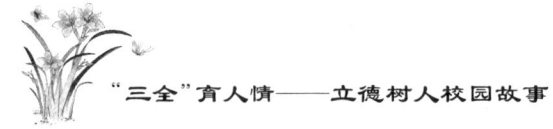

有效沟通，推动班主任工作的开展

董淑华

班级是学校的基层单位，班级管理是学校管理工作中的基础环节，它关系到学校的全局工作，直接影响全校的校风校貌及教育教学质量。学校良好风气的形成，学生日常行为规范的养成，在很大程度上都取决于班主任工作。多年的班主任工作，使我认识到，有效的沟通对于班主任工作的开展有很大的帮助。

一、与家长达成共识

在家长会上，我抛出这样一个问题：你们的学生时代有遗憾吗？

我跟家长说："现在我做一个简单的小调查，在你们的学生时代，有哪些家长是在老师的指导下、家长的督促下，尽到了最大努力学习文化知识，发挥自己的特长，提高自己的综合素质，而使学生时代没遗憾的？"没有一个家长举手。我笑了，说："我知道咱们班有很多家长素质很高，在自己的工作领域干得风生水起。大家都很谦虚。但是我也很清楚，很多家长可能有这样的感觉：我聪明是聪明，就是上学的时候没好好学习。对于自己的学生时代是有遗憾的。所以，家长们，不要让自己的遗憾再在孩子身上重演。不是说把自己没有实现的理想寄托在孩子身上，那样对孩子来说是压力，不利于孩子的成长。家长们要做的是，跟老师配合好，尽最大努力培养孩子的责任心、使命感，使孩子具有守规则的意识，培养他们的好习惯，指导孩子的学习和生活，充分利用丰富的教育资源，提高孩子的综合素质。使每个孩子都能成为对国家有用，对社会有贡献的人。"家长们的表情都很严肃，若有所思，我想，他们都听得进去。与家长达成共识，让他们意识到，教育孩子是人生中的一件大事，要用心做好教育孩子这件大事。

二、细化指导

老师们可能都能感觉到，我们的学生家长素质普遍都很高，但是他们确实不知道该怎样教育孩子、指导孩子。所以我们的任务除了引导孩子，还要

指导家长,而且要做到细化指导。

我在家长会上指导家长跟孩子一起制订业余计划,根据离学校远近,家长上下班的时间等自己家的实际情况,来具体地安排时间。早上几点起床,早读时间;午饭后,读课外书20分钟,午休半小时;下午放学后,几点到几点之间,看动画片;晚饭后,写作业时间,读课外书的时间;周六上午,写作业,读课外书,下午,户外活动;周日,可以安排到书店看书,看望老人,或者户外活动;等等。每项活动,都安排具体的时间。

还可以制订寒假计划、"五一"计划、"国庆"假期计划、暑期计划等。计划的制订,要跟孩子一起来完成。这样具体执行起来,孩子就不会感到被动,心理上较容易接受。要注意的是,计划一旦制订,就要跟孩子一起来遵守,家长心里要有个数,在学习时间、读课外书时间这些重要的事情上要有原则,不能让步。除非有特殊情况,才可以在时间上有所变通。这样,到时间就督促孩子去做自己该做的事,家长也就不用每天跟孩子打嘴仗、讨价还价了。引导孩子制订学习计划,并认真执行计划,有助于培养学生管理时间、管理自己的能力,培养孩子的自控力,让孩子习惯性地做事有计划,也可以培养学生的毅力。

三、正面引导

我们每个班级基本上都有微信群。微信群的建立,极大地方便了老师与家长、家长与家长之间的交流。但是微信群如果使用不当,或者任由家长们随意发送负面信息,也可能会造成不好的影响,会让我们的工作很被动。

一开始,我就给家长们提出要求,在微信群里可以交流以下内容。

1. 教育孩子的心得,好的经验不保留,互相借鉴学习。

2. 教育孩子时出现的困惑,大家都来支着儿。

3. 辅导孩子学习时遇到的问题,都可以在群里跟其他家长请教,我和车老师如果看到,也会进行指导。

4. 晒孩子的作业,晒孩子制订的学习计划,以及执行情况,对自己的孩子和其他孩子都是一种激励和鞭策。

5. 发孩子读书、学习、参加户外活动的照片、视频也是激励学生读书学习、积极参加活动的一种手段。

6. 发有关教育孩子的好文章、小故事等,传播正能量。

不允许发的内容如下。

1. 不允许散布有关学校和老师的一些片面的、负面的、极端的评价,有问题积极主动地跟老师交流。

2.如果孩子们之间发生小冲突,要理性解决,不允许在群里攻击、贬低别的孩子,更不允许家长们在群里再发生冲突。

3.不允许在群里发广告。

4.不允许传播小道消息、假新闻。

因为"丑话"说在前头,我们的微信群运转健康有序。我经常发布学生写得干净整洁的作业,在校生活的视频、照片等,让家长及时发现孩子的闪光点,看到自己孩子的成长。家长们都很高兴,对老师也很信任,对我们的工作越来越配合。

班主任工作也是一项走心的工作,走进学生内心,也要正面地引导,有效的沟通很重要。沟通是班主任、家长和学生之间的桥梁,班主任要善于架设这个桥梁,走进家长的内心,只有这样才能凝心聚力,引领孩子走向美好的明天。

第一部分 管理

"他"变了

史洁玉

人的转变,有时很偶然。

我刚接这个班级时,一大部分孩子不爱听课。任你喊破嗓子,他们依然我行我素,根本不管你那套。更有甚者把课堂当成自由市场,想干什么就干什么。

一天,我正讲课讲得起劲,王晓阔起身在教室后面滑起了旱冰。他和谁坐在一起都不行,不是拿人家东西就是和人家说话,有时还会把人打哭,为了把他给其他孩子造成的不良影响降到最低,上次调座位时,我让他坐最后一排而且没有同桌。有的孩子看看我又看看他。为了不耽误讲课,我边讲边用眼睛示意他坐回自己的座位,谁知他一边看着我一边滑,丝毫没有停下的意思。我顿时火冒三丈,大声呵斥了他。其他孩子都扭过头看着他,众目睽睽之下,他乖乖地回到了座位。组织好课堂,我继续讲课。趁我板书时,他悄悄起身,哈着腰,用极快的速度偷偷打了一下前面的同学,又以迅雷不及掩耳之势坐好,想来个瞒天过海,我刚好转身看见这既可气又好笑的一幕。被打的同学委屈地说:"老师,有人打我!"我急忙安慰被打的孩子:"老师知道了,下课我批评他。"下课后,我把王晓阔叫到办公室教育了一通,并且告诉他以后上课要好好听讲,不要随便下座位,更不能扰乱别人。他点点头,我不再深究,让他回去了。

诸如此类的现象在他身上屡见不鲜,我吵也吵了,骂也骂了,硬的不行我就来软的,孩子嘛总有犯错的时候,孩子犯错的过程也是成长的过程。何必较真呢?于是,我努力发现他身上的闪光点。功夫不负有心人,这闪光点还真被我找着了。我频繁表扬他,当时小家伙儿很受鼓舞,身子坐得笔直,一副神情庄重的模样。我暗自窃喜,心里充满成功的喜悦。谁知,好景不长,每次都保持不了一会儿,他的"老毛病"就又犯了。

经过一个学期的耐心教育,孩子也没有好转的趋向,期末考试成绩仍然倒数。这时,我真有点灰心丧气了,精力没少费,力气没少搭,到头来竹篮打水一场空。唉,放弃算了,十个指头伸出来还不一般齐呢,何况孩子,自己已

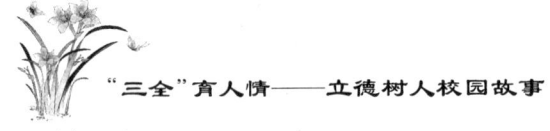

经尽心了。

寒假里的一天夜里,我一觉醒来,不知怎么忽然想起这孩子来,竟失起眠来。这孩子挺聪明的,如此下去多可惜啊!孩子坐后边,天高皇帝远的,不行。于是开学后我做的第一件事就是把他调到第一排,一旦他捣乱,我也方便采取措施。一天,我讲课要用到背投,就转身想按开关,忽然看到他,他也正好看着我,想站起身按开关又坐下了,看到这一幕我心里萌生了一个想法:何不让他管背投的开关?想到这儿,我说:"王晓阔,你去开吧!"听到这话,王晓阔麻利地起身按下了按钮。我又告诉他:"以后你管背投的开关,如何?"他点点头。下课了,他破天荒地没有第一个冲出教室,而是起身按下开关,我对他投去赞许的目光。

第二天一下课,王晓阔刚打算走出教室,扭头看了我一眼,与我目光相遇,或许是看到我之后想到了什么,他转回身按下按钮,又看看我,似乎在说:老师,我开开再去玩。我高兴地对他说:"你真是个有责任心的好孩子。"第二天,我走进教室,看到他正低头玩学具。他可能感觉到了什么,很快抬起头来,怔了怔,马上起身去按按钮。我趁机当着全班同学的面表扬他:"我发现王晓阔是个既聪明又有责任心的孩子,你们看他把背投管理得多好啊!"

近来,我发现王晓阔开始注意我的一举一动了。有时,我无意中一抬头,如果他正想扭头,看见我看他便会赶紧坐端正。而且课堂上他听课认真了,字写得也很工整。我继续找机会表扬和鼓励他,希望他越来越好!

日子一天天过去,发生在王晓阔身上的变化越来越大。一天下午,学校要求各班在自己班里观看有关环境污染的纪录片《河长》。这部片子大约一个小时。快要结束时,我悄悄起身把晚上的数学作业写在黑板上。我班有一个不成文的规定:每天的数学作业都写在固定的地方,让学生把作业抄写在记录本上。布置完作业后,我重新坐在门旁的椅子上。这时,王晓阔看见了黑板上的作业,赶紧拿出小本子准备抄写。由于他坐在左手边第一排靠窗户的位置,而作业写在黑板右下方的位置,尽管他伸长脖子、扯着身子,仍然看不清黑板上的字。这时,只见他弯着腰往右走了几步,趴在地上瞪着大眼睛认真地看着黑板上的字。看一会儿,又迅速回到座位写几个字;一会儿他又在座位上站起,身子向后仰着,一条腿站在地上,另一条腿微微抬起,来了个金鸡独立。看着他主动记作业的认真、可爱的样子,我和语文老师相视一笑。要知道,以前,这种事情绝对不可能发生在他身上,有时催几遍让他记作业,他都是磨磨蹭蹭不肯干的。

尽管如今的王晓阔在学习上还有些小问题,但他的习惯和态度和以前

相比已判若两人,积极性提高了很多,上课认真听讲,积极发言,作业的质量有很大提高,之前宁愿被罚也不肯订正的错题,现在也愿意当天订正完。在一次单元测试中还考了85分呢!

　　没有孩子天生就是差生,也没有孩子心甘情愿当差生,作为老师要有特别的爱心和耐心,用心施肥、辛勤浇灌,然后静等花开,你会收获意外的惊喜!

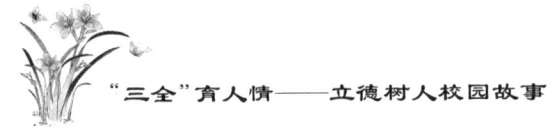

信赖、尊重——学生进步的动力

史素霞

美国心理学家海姆·吉诺特曾说:"作为一个教师,我拥有让一个孩子的生活痛苦或幸福的权力。我可以是一个实施惩罚的刑具,也可以是给予鼓励的益友,我可以伤害一个心灵,也可以治愈一个灵魂。"

作为"在孩子们心尖上行走"的人,需要深思熟虑、小心翼翼地呵护每一个简单而脆弱的心灵。这些孩子就像一只只可爱的小蜗牛,我们牵着"小蜗牛"一步一步往上爬,途中会让人操心、担心、烦心,但是每一只"小蜗牛"都有专属自己的舞台,即使不完美、有缺点,也要相信每只"小蜗牛"不是因为完美而可爱,而是因为不断追求完美而精彩。

我班的孟晓同学是一个作业拖拉症"患者",经常早上来学校补作业或抄作业,而且上课注意力不集中,时常分心走神,上学经常迟到,做事没有时间观念。时间久了,成绩自然不理想,在同学们的心目中他就是一个后进生。在和同学的交往中,他也有些自卑。有一次,我在复习完《多边形的面积》这一单元的时候,给同学们两分钟的时间让大家先复习背诵学过的多边形面积公式,然后再检查。两分钟的时间过去后,我便让能背诵下来的同学进行背诵,这时我忽然发现孟晓似乎想举手,但又很犹豫的样子,于是我把他叫了起来。他当时脸就红了,慢腾腾地站起来,许多同学也是不屑一顾的样子,甚至露出怀疑的表情,我告诉孟晓:"相信自己,老师会帮助你的。"他开始背了,没想到他背得非常流利,当他背完后,同学们都愣住了,我带头鼓掌,同学们也都为他鼓起掌来,掌声过后,我说:"孟晓同学,你真的很棒,相信你以后会表现得更好。"从那以后,孟晓果然比以前表现好多了,虽然早上还有补作业的现象,但我发现他都是先问完别人后自己再做,而不是简单地抄了。我又利用课余时间与他进行了交谈,鼓励他继续努力,抓紧时间,多一分自信,少一分自卑。后来他的学习主动性有了很大提高,单元测试竟然达到了90分,同学们无不感到惊讶,我也对他夸赞了一番,并且利用班会的时间表扬了他。

苏霍姆林斯基说过:"每个人都有一颗成为好人的心。"在孟晓同学的身上,我深刻地体会到后进生是有潜力可挖掘的,关键在于教师应该发现他们、尊重他们、信任他们,逐步消除他们的自卑心理,唤起自尊心,培植自尊心,使他们从心灵深处真正认识到:"我是一个独立的人,享有和其他人一样的权利!"

2019年我接手的三年级(8)班,有几个让我头疼的孩子,每每进教室,这几个学生总在教室嬉戏打闹,迟迟不回到自己的座位。因为这几个人,教室里一片嘈杂声。上课的时候这几个孩子不但不认真听讲还找其他学生讲话或搞小动作,导致我每节课都不能很好地完成教学任务。刚开始,我还信心十足,以为凭借我循循善诱的教学方式、兢兢业业的工作作风和风趣激励的言辞,一定能够转变他们的学习态度;每堂课后我都会把这几个不听话的学生叫到办公室进行教育:批评、背书、写检讨、活动筋等,我使尽了浑身解数,可一个月过去了,情况没有多大改变。

有句话说得好,"细节决定成败"。我从细节入手,发现班上纪律不好的总是那几个爱随意讲话、搞小动作的同学,其中有一个叫李恒(他属于爱随意讲话或搞小动作的那种)的同学在班上特别具有号召力,于是我决定从他入手。为了改变他的学习态度,提高他的学习兴趣,于是每当学生练习时,我就会走到他旁边,关注与指导他;在他注意力不集中的时候,我会用眼神提示或轻叩他的桌子;或者提一些简单的问题,让他找到一点自信和成就感;等等。记得有一次讲到"路线问题",他回答了一个有难度的问题,我及时表扬了他,教室里响起了雷鸣般的掌声,这时我观察到他快速而又细微变化的眼神:高兴?感激?总之对他起到了激励的作用,他渐渐地对数学产生了兴趣,学习积极性有了很大的提高。于是我借此机会在全班同学面前宣布他为数学小组组长,负责检查和验收本组作业。没想到,以后上课,他果真认真听讲,积极回答问题,同时还会帮我管住那些爱开小差的同学。我有点惊讶,没想到他会有这样的变化,于是我就想,这个学生不是不可救药的,我应该对他充满信心,在我的尊重、表扬以及激励下,他各个方面的表现发生了前所未有的变化,阶段考试他竟然考了86分,这对他来说是史无前例的。于是,在以后的教学中,我每天都是满面春风地走进教室,用最亲切的眼神注视学生,鼓励和尊重每一个学生,而学生们也慢慢地被我感染,脸上有了笑意,尤其是原来成绩不好的学生,有了学习的勇气和动力,课堂气氛渐渐地活泼起来。

通过这件事让我明白一个道理:信赖,尊重和鼓励学生就是爱学生,作为教师,当学生犯了错误时,我们应该设身处地替他们着想,学生的心,敏感而脆弱,需要教师用自己一颗真诚、信赖、尊重、赏识的心去唤醒、呵护。不

能因为一时的冲动而失态,给学生的心灵造成伤害。所以,在教育学生时,我们决不能简单地压制他们,用纪律制度去约束他们,这样,学生往往会忘记为什么受罚,只为自己所受的待遇而难过、委屈,甚至愤怒。作为教师,在学生犯错误时,应该认真倾听他们的申述,尊重他们的意愿,想方设法化解他们的抵触情绪,解开他们的心结。在心与心的交流中,教育才能取得应有的效果。

第一部分 管理

一米阳光 一路成长

宋含笑

我和这群孩子相识在二(2)班,一间教室,一群人,拥有同一个梦想,所以我们有了一个好听的名字——梦想路22号。在这条梦想的路上,我满怀期待,我希望我的学生能像阳光一样暖意融融,爱心满怀;能像阳光一样生机勃勃,激情澎湃……于是,做学生的一米阳光就变成了我的追逐与渴望!

平心静气,我努力做教导有方的老师。我们班有一个男生,他要么沉默不言,要么肆意疯狂。他曾把水倒进消毒液的瓶中,一饮而尽;他曾横在教室门口,以一己之力堵住做操归来的同学……所以,他在班里的玩伴并不多,我也曾在课堂上不点名地批评过他,但收效甚微。我明白,他只是在家庭教育欠缺的情况下对规则充满了敌意和挑衅。那天我只是平静地告诉他:"孩子,老师从来没有放弃你,也许你不知道,我一直都很关注你,不是为了讨好,而是努力让你优秀一点,再优秀一点,然后拥有更多的选择权……"那天我们聊了很久很久。谈话之后,他居然慢慢地变了。前两周,我带领班里调皮的小孩成立了特别行动小组——翻盘队,其中就有他,令人没想到的是,他居然成了我们队的中流砥柱,他带动队员分享日记、出题、积累词句等,为加分出谋划策;我还看见他课下主动提醒队员上课不要说话,煞有其事的样子真的非常可爱!队课时,我们总结小组得分,翻盘队真的翻盘啦,当他拿着奖状害羞又得意地跟我分享时,我真切地感受到他在慢慢地亲近我、喜欢我。我努力地关注他,只是希望有一颗温柔的种子在他心里种下,然后在一米阳光下慢慢萌芽,给他一点前进的希望和勇气。

"老师,今天您给我批改语文卷子的时候,我发现您的红笔不显,我把我的送给您。""老师,您是不是累了,我给您捶捶背吧。""老师,您发的专属钢笔上有我的名字,我都舍不得用。"你们看,这就是我们班的71个宝贝。我们互相取暖、其乐融融,他们的张张笑脸、句句稚语,总是让我眼前一亮,一瞬间总有一种莫大的阳光力量直抵内心的柔软,立刻变得温暖丰润起来。

育人育心,阳光下最有意义的工作,不外如是! 在"梦想路22号",每一句温馨的话语,每一个友好的眼神,每一次小小的帮助都是一米阳光,伴随

着生命,一路成长,成为生命的底色,照亮彼此的生活。相信种子,相信岁月。一米阳光,一路成长,愿每个孩子都成功,愿每一次成长都热烈,愿每一个生命都精彩!

第一部分 管理

做一个温暖善良的人

窦宁可

我所教班级的班训是"做一个温暖善良的人"。这句话已陪伴了我的三届学生,寄托了我对他们的期望——不一定要出类拔萃,但无论将来走上什么样的岗位,都能热爱自己的事业,并能从中找到自己的价值,努力做一个温暖善良的人。

爱是教育的基础。引导一名或叛逆,或调皮,或学习速度较慢的学生回到成长的正常轨道上,需要让他们感受到自己与其他同学一样拥有教师的关爱。只有摒弃偏见和歧视,对这些学生的教育才富有实效。因此,我在对学生表达爱时,并不会强调后进学生和其他学生的区别:在每年酷暑难耐的六月,为他们买雪糕和冰水;为班级低血糖的女生准备口服葡萄糖;自掏腰包给班里配备烧水壶、护手霜,让学生冬天也能感受到些许温暖;请学生看《飞屋环游记》《放牛班的春天》《忠犬八公》《小鞋子》等电影;带着学生去广场、街道做清洁志愿者,试着让学生们更好地了解社会,明确自己未来的责任;规划和设计一些醒目的小标语,计划毕业之前给自己和学校留下更多美好的回忆……

教育最重要的任务是让学生拥有获得幸福的能力,让学生们在学习和生活中调整心态,直面挫折与挑战,从根源上改善某些学生因一时的不顺心而迁怒他人的问题,在一定程度上可减少部分学生犯错误的情况。在16年的教师生涯中,我一直在试图从细微的小事入手,教给学生们赞赏美、表达爱的方法:教导他们在校外遇到建筑工人时,要观察他们的言行,欣赏他们的力量之美和劳动之美;冬雪纷飞时,和学生一起打雪仗,享受北方时令之乐……即使在紧张、忙碌的学习中也应有一颗感受生活之美的心。

有一年临近期末考试,学生都处于紧张的复习备考状态,忽然教室外传来热闹的鞭炮声,旁边小区有人家在娶亲,很多教师要求学生关上窗户、安心学习,我却打开窗户、拉开靠窗的桌凳,让学生能够趴在窗台上观赏这喜庆、热闹的场面。看着那一张张兴奋、喜悦的笑脸,我相信,随着岁月流逝,他们会慢慢地忘记很多事情,但会一直记得这场欢乐的婚礼仪式。学会感

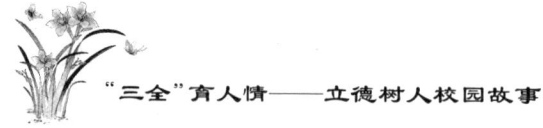

知生活中的这些点滴美好和细微欢乐,是获得幸福的前提。

　　教育学生,应该把重点和最终落脚点放在他们的健康成长上。只有当学生以积极的心态面对生活,以正面的价值标准调整自己的言行时,真正的教育才会发生,学生才能充满活力和阳光。

　　每一朵花儿都有盛开的理由,每一名孩子都有成长、向上的需求。每个学生的发展轨迹和速度是不一样的。教育是一个过程,需要教育者耐心、宽容,营造宽松而温暖的环境。做到这一点,即可静待花开。

用心感受　认真聆听

王　珩

我们学校的每一位老师,都是我学习的榜样。师德师风其实是一种状态,就是老师们的温文尔雅、精益求精;师德师风是一种行动,就是老师们对学生的悉心呵护、耐心辅导;师德师风也是一种精神,是老师们的一丝不苟、严肃认真;师德师风更是一种风格,是老师们的朝气蓬勃、安定从容。

作为一名没有教学经验的我,这个(5)班是我带的第一个班级,我见到这么一群既调皮又可爱的小家伙们,心情是复杂的、恐惧的、无奈的、烦躁的,最缺少的就是耐心。

我记得刚接班时有一次上课,讲着讲着突然发现少了一名同学,定睛一看原来他坐到地上——跟土地爷聊天去了。他就是我们班的高小明。经过向我们班其他同学询问,我了解到他经常这样,课堂上管不住自己,小动作很多,上课不是玩铅笔就是玩橡皮,还时不时地走离座位,坐在地上自言自语。

了解到这些情况,我主动约他单独聊聊。只见他的小脸上挂满了疑问、紧张与害怕。我轻言细语地问,他坐在我的面前,从一开始的不敢说、一个字一个字地蹦,到最后的有问有答。聊天中我发现他的自主意识比较差,老是管不住自己,他也非常苦恼。于是我们俩约定:左手管右手,想离开座位时先想想我们的约定,一天一总结,他主动找我说自己一天的表现和感受。上课我会主动请他回答问题,无论对错我都会对他进行鼓励、表扬,读书时关注他,写作业时目光也不离开他。开始时我一天一提醒,两个星期后,他开始主动找我汇报一天、一周的收获。我发现他正悄悄地改变。

两个星期以后我主动联系他的家长,孩子的父母都外出打工,孩子跟着老人在家,老人平时根本顾不上照顾孩子,孩子的习惯不好跟他们有着直接的关系。我跟他们沟通后,和孩子一起商量确定了自己的目标导航仪,让孩子和家长一同约定每天的学习任务、家务劳动,调动孩子的积极性。每天都要有记录,并与他在学校的表现相结合进行每周总结,给予孩子相应的奖励,通过这种方式帮助他培养兴趣、锻炼能力、赋予自信。

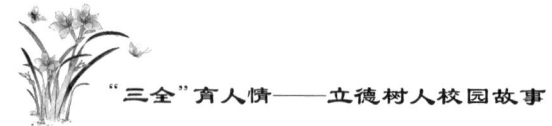

从课堂上经常表扬帮其树立自信,到课下主动找他谈话,让他明白什么是正确的、什么是错误,从培养学习生活习惯到具体的读书、写字姿势等习惯的养成,我希望能够鼓励他继续努力改掉一些坏毛病。经过一段时间后,在课堂上,他的眼睛变得有神了,坐姿端正了,课堂上离开座位的次数越来越少了,每次碰到老师提问的环节,他都主动举手,主动要求回答问题。各项作业的书写也有了明显的进步,任课老师对他也有了一定的好评,妈妈也说他在家的表现有了很大进步,回家能主动写作业并严格写好每一科作业。

看到高小明的这些变化,我更加坚定了改变自我、耐心教学的决心。每一个孩子都是一个家庭的希望,他们还小,很多事情要慢慢学习,在这个过程中,需要我们的耐心引导,不断鼓励,慢慢塑造。

让我们一起陪孩子们长大,认真聆听每一位孩子的心声,关注每一位孩子,让他们幸福快乐地成长。

榜样的无限力量

李蒙蒙

身为一名年轻教师,从校门走入校门后,我将自己在大学里所学到的教学理论知识和专业知识灵活地运用在了自己的课堂上。在教育教学中经过几年的实践与经验的积累,我深深地明白了一句话:"教,上所施,下所效也。"正确地运用榜样的力量,能让日常教学工作事半功倍。

法国作家卢梭说过:"榜样!榜样!没有榜样,你永远不能成功地教给儿童以任何东西。"三年级的同学首次面临写作文这一大关,很多同学对此都是伤透脑筋,认为写日记、写作文简直可以用"生不如死"来形容,每次都要搜肠刮肚、绞尽脑汁。为了改变班里学生对写作的畏难情绪,我会认真批改每个同学的日记,在日记中找到学生写得好的句子,并在班里大力表扬。写作优秀的同学,我会给他们一个大大的"选"字,并将他们的作品打印出来,在定期的写作交流课上范读他们的文章;在文化墙上展览他们的文章,以便学生去观摩他们的文章。这样一来,班里的同学发现原来榜样就在我们身边,写作的畏难情绪也慢慢减少。树立学生中优秀的榜样,能起到一石激起千层浪的效果。

最近,我发现在放学后学生站路队时总会出现磨蹭、拖拉等现象。一开始我对这些同学进行了苦口婆心的说教,甚至严厉的批评,但发现收效甚微。后来我改变了方法,我每次都会表扬最先站好且站姿端正的同学,不仅站路队时表扬,还在队课上大力表扬,将优秀的榜样在班里用喇叭喊出来。选好榜样是学习榜样的前提,在班里根据实际需要并从学生实际出发,树立学生身边的榜样,更能推动他们前进。

榜样的力量是无穷的。教师要善于引导学生用身边的榜样来调节行为,使他们获得明确的前进方向与巨大的动力。有人曾说:"播撒一种思想,收获一种行为;播撒一种行为,收获一种习惯;播撒一种习惯,收获一种性格;播撒一种性格,收获一种命运。"播撒一种榜样,学生能够时时看到奋斗的目标和参照物。榜样是一种向上的力量,是一面镜子,是一面旗帜。

立德树人，让师爱在岗位上闪光

王晓蕾

"没有爱，就没有教育"，苏联教育家马可连柯这句话道出了教育的真谛。人民教育家陶行知先生，倡导并实践了爱的教育。"在你的教鞭下有瓦特，在你的冷眼中有牛顿，在你的讥笑中有爱迪生。"这也启示我们教师要关爱每一个学生，走进学生的心灵世界，用爱筑好教育的基础。

接手现在的五(3)班也有三年多了，初接班时，留着西瓜头、长着圆圆脸蛋的小博给我留下了深刻的印象：一副胆怯的表情，课堂上坐不住，总是爱摸别人的东西。有一次他竟然偷偷地拿走了一位同学的文具盒，在我再三的追问下他终于承认了自己的错误。我严厉地批评了他，要求他不再做出这样的行为。我言辞激烈，态度严肃，并对他提出了严厉的警告。事后，这个犯错的孩子每次在校外看到我都不再主动和我打招呼，就像陌路人一样，我很痛心，也深深地认识到了自己的失误，甚至是失败。

过了没多久，还是小博，同样的行为又出现了，他周末偷偷骑了学校附近某小区内的一辆自行车，被监控录像拍下，主人拿着照片到学校问是哪个班级的学生，我看到照片，一眼认出了他。小博周末还捅娄子，虽然不是发生在学校，可是哪个老师不希望自己的学生能养成良好的习惯，拥有正确的思想道德观点，能够快乐健康地成长呢？后来，事情经过妥善处理，学校将自行车归还给失主，并且向失主道歉，保证这样的事情不再发生。有了上次的失败教育，我进行了深深的反思，我尝试着站在孩子的角度冷静地思考了一下，想想如果自己是他，怎样处理才能被他接受而又有所成效呢？我问他："为什么要去骑别人的自行车呢？"他低着头说："周末想骑着玩一玩。"我笑着说："骑自行车玩当然可以，可是你想骑就应该告诉奶奶，骑自己家的自行车，而不能偷偷地骑别人家的，知道吗？"他突然抬起头说："我没有偷自行车，我只是想骑一骑，然后再放回原位。"这时，我明白了他的想法，于是说道："你是个诚实的孩子。"见他放松了一点，我接着说："但是你知道吗，没有经过别人的允许就骑走别人的自行车也是不对的。就算是自己的父母，也要先经过他们同意，因为这是对他们的尊重，明白了吗？其实老师知道，你

一直都是一个诚实守信的好孩子,王老师以前错怪了你,老师向你道歉。"他摇摇头说:"我不该偷偷骑别人家的自行车。"我知道他意识到了自己的错误,对他竖起大拇指:"只要知错能改,依旧是最棒的!"泪花在他的眼里打转了,我知道他再也不会去偷偷拿别人的东西了。看着他的背影,我感觉到了一种满足和快乐,就像自己的孩子回馈给母亲的一种爱,很有成就感。

在后来的相处中,从他奶奶口中得知这个孩子很小的时候父母就离异了,他由奶奶独自抚养,很少得到爸爸妈妈的关爱,我对孩子的怜悯之情油然而生,奶奶的爱代替不了父母的爱啊,这个孩子太缺乏关爱了,每每看见他,我的内心总会感到一种莫名的心疼。在接下来的日子里,当他出现作业完不成的情况时,我会趁放学时把他留在教室,问清原因,语重心长地教育他,晓之以理,动之以情,让他感到老师对他的关爱和奶奶的不易;当他出现不文明的行为时,我会从他最近的进步说起,让他感受到老师对他的关注,同时对他寄予新的期望,相信他在其他方面也能取得进步……慢慢地,我发现他的作业能够按时完成了,字体工整了,和同学也能和谐相处了,各方面都取得了惊人的进步。

著名的苏联教育学家苏霍姆林斯基曾经说过:"如果善良的情感没有在童年形成,那么无论什么时候也培养不出这种情感来。"所以,在自己的教育教学中,我不断提醒着自己、鞭策自己,换位思考,寻找正确的教育方式,用爱慢慢地去参与、去熏陶。

为人师,同时为人母,我更能深切地体会一位母亲对于自己孩子深沉的爱和期望。立德树人,是一项艰苦而又长远的工作,我感受到了肩上沉甸甸的担子,不仅仅是因为任务的艰巨,更是因为我面对的是一群孩子,一群我深爱着的孩子。

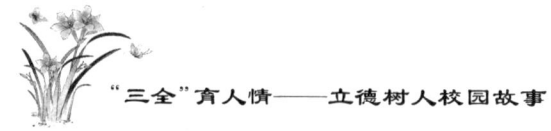

春风化雨润心田

高素平

有人说:教书是一场盛大的暗恋,你费尽心思去爱一群人,最后却只感动了自己。真的是"学生虐我千百遍,我待学生如初恋"。

当了三十多年的班主任和语文老师,我深深体会到其中的苦与乐,那是别人无法想象的,对学生的爱也是别人无法理解的。

我班有个学生叫杨名。我刚接这个班时,他上课无精打采,要么搞小动作,要么影响别人学习,提不起一点学习的兴趣;下课追逐打闹,喜欢动手动脚;不做作业,即使做了,也做不完整,书写相当潦草……每天不是任科老师就是学生向我告状。于是,我找他谈话,希望他能遵守学校的各项规章制度,以学习为重,按时完成作业,知错就改,争取进步,争取做一个同学喜欢、父母喜欢、老师喜欢的好孩子。他开始是一副爱答不理的样子,后来虽然口头上答应了,但是行动上一如既往,毫无长进,真是"承认错误,坚决不改"。此时我的心都凉了,算了吧,或许他是根"不可雕的朽木";但又觉得身为班主任和语文老师,不能因一点困难就退缩,不能因一个后进生无法转化而影响整个班集体,必须面对现实!我内心一横:不转化你,誓不罢休。他无进步,或许是他并没有真正认识自己的错误。

为了有针对性地做工作,我决定让他先认识自己的错误。于是我再次找他谈话,谈话中,我了解到他心里十分怨恨二年级的班主任老师。我心里一喜,让他认识错误的机会来了。我轻声问他:"你为什么会恨那个老师?"他不好意思地回答:"因为她常常批评我。"我顺着问:"老师为什么会常在课堂上批评你,你知道吗?"他说:"因为我常违反纪律,没有按时完成作业,书写也不工整……""你已经认识了自己的错误,说明你是一个勇于认错的好孩子,但是,这还不够,你觉得应该怎样做才好?想改正错误吗?想做一个受他人欢迎的孩子吗?你要怎样做才好呢?""我今后一定要遵守纪律,团结友爱,认真完成作业……""那你可要说到做到哟!""好!"后来,他无论是在纪律上还是在学习上,都有了明显的进步。当他有一点进步时,我就及时给予表扬、激励他。使他处处感受到老师在关心他。他也逐渐明白了做人的

道理,明确了学习的目的,端正了学习态度。

为了提高他的学习成绩,除了在思想上教育他、感化他,我特意安排一个责任心强、学习成绩好、乐于助人、耐心细致的女同学周悦跟他同桌,目的是发挥同桌的力量。事前,我先对周悦同学进行了一番谈话:为了班集体,不要歧视他,要尽你自己最大的努力,耐心地帮助他,使其进步。周悦同学满口答应,并充分利用课余时间或课堂时间帮助他。有时,周悦同学也会产生一些厌烦情绪,说他不太听话,不太乐学……此时,我就跟周悦同学说:"要有耐心,慢慢来。"后来,他取得进步时,除了表扬他,我还鼓励他们说,这也离不开同学们的帮助,特别是周悦同学的帮助。在同学们的帮助下,他各方面都取得了不小进步,学习上更努力了,学会遵守纪律了,劳动也更积极了,成绩也有了明显提高。有一次我找他谈话时,他说:"老师,周悦同学这样关心我、爱护我、帮助我,如果我再不努力,对得起她吗?"我笑着说:"你长大了,懂事了,进步了。老师真替你高兴。"

在第一学期期末考试中,他取得了73分的好成绩。我为了鼓励他,奖给他一本日记本。奖品虽少,但能表示老师的一点心意。第二学期,他学习更努力了,在期中测试中,他取得了92分的好成绩。看到孩子的进步,我感到无比欣慰。

我们温柔地教诲,善良地引领;我们激情地启迪,清晰地指正。站在课堂一隅,安静倾听;立在黑板两旁,规范板书。我们忘记了疲惫,记住了幸福,学生的点滴进步,就是我们作为老师最大的幸福啊!

第二部分 学科

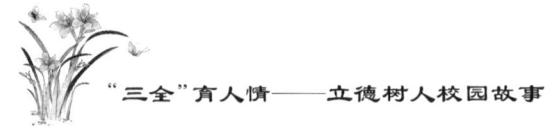

立德树人　且思且行

裴丽芳

作为新时代教师的根本任务,"立德树人"既是新时代教育的发展趋势,也是教书育人的回归。教师的天职就是教书育人,两者本为一体,不可偏废;"立德树人+"就是课程育人、学科育人、管理育人、活动育人、服务育人,每一位教师应立足本职,全员、全程、全方位落实学生全人成长;课堂是落实立德树人、实现教学三维目标的主渠道,着力改变以往课堂教学中重教书轻育人、只管教书不管育人、只有分数不见人的系列现状,进一步转变教师重知识增长过度,忽略学生能力发展不及、全人成长不及等教学观念。

落实"立德树人+",要在备课上思考到位。老师要深入研读教材,研究教学内容,要有大教学观,不能死守"学科边界",做到学科融通、融合。抓住某一点,以此作为契机渗透育人。例如:在教学"扇形统计图"时,教材呈现的是第30届奥运会中国体育代表团金牌榜,让学生观察了解各种项目荣获金牌的数量情况,老师不失时机地引导:每一枚金牌的获得都饱含了运动员们平时训练的辛勤付出,既有个人努力,也离不开团队的互相帮助,作为小学生的我们又应该怎么做呢?怎样做才能不辜负自己的付出,让自己的小学生活回忆起来满是美好,不留遗憾?虽然只有寥寥几句话,相信也会给学生留下印象:成绩的取得离不开努力,哪里会有随随便便的成功?抓住当下,有目标有行动,有信仰有努力,做最好的自己!

落实"立德树人+",要在教学设计上预设到位。有了思考、有了内容、有了结合点,在教案、教学环节上预设到位,想到的就要写下来,写下来才能落实。例如,在教学"比例尺的意义"这节课时,我一直在思考,怎样才能让学生在生活中找到认同感,以生活为基础进一步促进学生对新知识的理解和掌握,同时渗透爱家庭、爱学校、爱濮阳、爱祖国的教育。于是在教学过程中我改变教材的呈现方式,做了这样的设计。

先出示房屋平面图,这幅图的比例尺1∶100,是什么意思?(图上距离1厘米表示实际距离100厘米,图上距离是实际距离的1%,实际距离是图上距离的多少倍?)然后再依次出示:

学校校园建筑设计平面图比例尺：1∶5 000
濮阳行政区域图的比例尺：1∶1 000 000
河南行政区域图的比例尺：1∶12 000 000
中国行政区域图的比例尺：1∶50 000 000

接着提问，通过观察思考，你发现比例尺有什么特点？以此为契机引领学生认识到，图上距离1厘米表示的实际距离越来越长。从家庭、学校到社会与国家，家是最小国，国是千万家，一个个小小的家庭组成了大社会，爱祖国从爱家、爱学校、爱濮阳做起！数学来源于生活，比例尺在生活中处处可见，数学学习的意义也不言而喻。

落实"立德树人+"，还要在每节课上落实到位。例如，"扇形统计图"练习题中出现的我国人口普查民族构成情况统计图显示，汉族人口占全国总人数的91.5%，少数民族占8.5%。要放在以前，这个题目一说各项所占百分比就过去了，但是有了育人这个意识，就可以这样教育引领学生："从图上知道了在我国一共有56个民族，汉族占了绝对多数。少数民族人数虽少，但我们一定要团结起来。不是有这样一首歌吗？'五十六个民族，五十六枝花，五十六个兄弟姐妹是一家，五十六种语言，汇成一句话，爱我中华……'不能以强凌弱，以大欺小，爱我中华，从身边的点滴小事做起！"

无教学不教育，教育的核心目标无疑是育人。我们不必死守着"学科边界"而遮蔽了自身的人文情怀，扼杀课堂的生命活力。因为教学双方是富有生命活力的教师和学生，"随风潜入夜，润物细无声"是多么美妙！作为新时代的老师，我们不得不思考，除了数学，我还能带给学生什么？

第一，要有中华优秀传统文化的传承；圆的教学中重视拓展阅读："祖冲之的圆周率，早在1 500年前计算出圆周率在3.141 592 6和3.141 592 7之间，是世界上第一个把圆周率的值精确到小数点后7位的人。"既励志也传承了优秀的学习品质。第二，要有规则意识地引领。量与计量单位之间的进率就像是我们做事的规则，换算方法就是我们行为约定的制度，遵守规则与制度方能让我们认清方向，走在正确的道路上！第三，要有哲学的思考与渗透。第四，要有科学文化的教育。

"不积跬步，无以至千里"，只要我们每位老师在每节课上一点点有意识地引导，全员、全程、全方位形成育人场，一定会实现立德树人的根本目标。让我们的学生既有分数的高度，也有成长的速度，更加享有快乐的程度，让每一个生命幸福成长！

小学数学也要有"法"

闫蓉蓉

标题中的"法"并不是数学方法,而是"法制教育",和我校开展"立德树人+"工程的理念相结合,意在倡导将法律意识和品德教育渗透到日常教育教学中,潜移默化地培养学生良好的道德品质和法律意识。

其实每一节数学课上的老师和学生就是一个小社会,在这个小社会里有我们必须要遵循的规则。比如每周都开展的"小组合作夺金杯"活动,规则是只要4人小组成员认真听课、积极发言、遵守纪律、讲文明、爱劳动等,就会得到五角星,哪个小组的星星多就会得到金杯。我们班里有个叫张晨的调皮的小男孩,上课时总是发出奇怪的声音,影响课堂教学,组内成员、组长都提出要求开除张晨。课间安抚好组长后,我就把张晨叫到办公室,说:"孩子,现在班里的孩子都不欢迎你,你知道为什么吗?"他低头不语,眼中有一丝悔意和懊恼。我知道他很聪明,只是因为是家中独子,父母极其溺爱,把他教育成了唯我独尊、目中无人的孩子。看着他懊恼的表情和低垂的头,我说:"想不想成为受同学喜欢的人?"他抬起头,眼睛里闪着光:"我可以吗?老师。""当然可以,你从现在开始,上课不乱说话,不起哄捣乱,遵守课堂纪律,下课主动帮助同学,大家就会喜欢你、接受你、欢迎你。"他立刻向我行队礼:"谢谢老师,我一定努力做到,请老师监督我。"

周一的班队会上,我又带领全班同学复习了班级公约,强调人人都要遵守班级规则,相互团结合作。不遵守纪律的同学就要受到一定的惩罚,要从小养成遵纪守法、团结协作的好习惯。

我们还可以把法治教育巧妙融合在课堂教学中,充分挖掘数学课堂上的法治元素,适时进行品德教育。例如:在学习三年级"万以上数的认识"时,有一项是关于统计国内网瘾少年犯罪的数字,在学习完这个数字的读法和写法后,我让学生体会这个数字有多庞大,一个少年犯罪会给家庭和社会带来多大的痛苦,以此教育学生要合理有节制地上网,不能沉迷于网络,不能给自己和家人带来伤害。再如四年级学过"三位数乘两位数的乘法计算"和"简单的数据整理"后,我让学生回家调查每个人家里每天浪费的食物大

概有多少,通过计算一个人一天,一个家庭一天、一个月、一年浪费食物的数量,然后再结合贫困地区好多孩子上不起学,谈谈自己的想法。这样学生既掌握了有关计算的知识,又受到了不能铺张浪费的教育,还可以用真实的数据告诉家里人:如果我们平时节约一些,省下部分开支,就可以资助多少孩子上学,让孩子明白节约最光荣。

除此之外,我还利用每周一的班会时间,提出"遵纪守法从我做起""不带危险物品入校""不随意和陌生人说话""骑车靠右行""不抢红灯"等口号,增强学生的法治意识和遵法守法的自觉性。当然,只要把法制教育巧妙地融入教育教学中即可,不能喧宾夺主,将数学课变成法制课。教学中我们要充分利用可以普法的时机进行法治教育,实现品德和知识双丰收的目标。

作为一名数学教师,走在数学新课改的路上,把立德树人融入学科,让数学课变得有"法",势在必行。

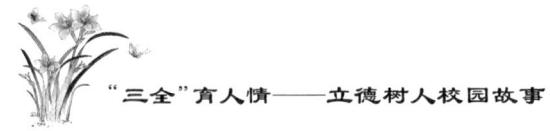

用爱托起希望花

陈国伟

冰心曾说:"爱在左,责任在右,走在生命之路的两旁,随时撒种,随时开花,将这一径长途点缀得花香弥漫……"或许,我不能成为冰心笔下那个随时播种便能开花的人,但我一定可以成为那个富有爱心与责任心的人!

在6年的教育工作生涯中,教育二字已经深深地融入了我的生命,教育就像一首抒情诗,轻轻地拨动着我的心弦,嵌入了我的灵魂,悄无声息,耐人寻味,看则无痕,实则有意。对于每一位学生,我都会给予他们母亲般的关爱,视他们为己出。学生闹矛盾了,我帮他们调解;学生犯错了,我会心平气和地给他们讲道理;作业不会做了,我一遍又一遍地给他们讲;贪玩偷懒了,我会严厉地警告他们自己的事情自己做。

润物细无声,就是我的教书风格。我用我的学识和耐心,力争上好每节课,用心良苦地诠释课本里所呈现的知识;对每节课的把控,我都做了精心设计,用心揣摩体察。观察思考课,放飞心灵;知识链接课,抽丝剥茧,探求对知识的渴望。

陶行知曾经说"生活即教育",教育要结合生活。教育寓于生活,只要善于留心,我们就会发现,生活的每一处,都是教育的资源。我也是这样做的,在日常生活中,更在数学课上。数学课不同于思想品德课,它有其自身的特点,不能够整节课对学生进行品德、说理教育,只能结合教学过程抓住有德育因素的一词一句、一题一例、一图一表进行渗透。如在应用题教学中,选取一些好的实例,如节约用水等,使学生在解题过程中潜移默化地受到教育。又如教学"时、分、秒"时,在学生初步建立对时、分、秒的概念后,通过让学生数心跳、读书、写字、跳绳等,让学生感受1分、1秒有多长,到底可以做多少事情,从而适时地教育学生珍惜时间,做时间的主人。在教学"元、角、分"时,教育学生人民币是国家的财产,代表着国家的尊严,我们应该爱护人民币。我也经常采取小组合作的学习方法。通过小组合作,让学生明白:我们一起学习既要为自己负责,也要为别人负责。真正将德育渗透于数学教学之中,发挥数学学科的育人功能。

我的教育时刻与孩子们的日常生活联系在一起,点滴小事,都在每天工作总结回顾里展示,或表扬或提醒,及时回馈,发挥它们的教育作用。记得有一个小男孩,刚开始上数学课的时候我发现他呆坐在那里,不说话也不听课,我上去询问情况,他也不理我。我在一旁耐心地鼓励他,尝试着用各种办法与他沟通。在我的不断鼓励下,他慢慢打开了心扉,接受了我的劝导,高高举起了小手,从此,数学课堂上,少了一个沉默寡言的孩子,多了一个积极发言的学生。在以后的日子里,我只要看到他有一点点的进步,就表扬他,虽然他有点儿不好意思,但我看得出他很高兴。自此以后,我发现他变了,变得活泼开朗了,干活积极了,上课也主动回答问题了。

　　我用辛勤的付出和长期的坚持,诠释着我对教育的热爱。我用爱心播撒着知识的花瓣,清新而淡雅,热烈而芬芳。知识似雨露,润物细无声,时时刻刻感动着学生,也感动着我。我也会默默地用我的坚韧和毅力去做好教育工作,并享受这份工作带给我的不一样的精彩!

发现孩子们的亮点

王庆晓

体育教学,要善于把学生的心理活动和身体活动结合起来,并利用课堂教学中的某个环节对学生进行情感教育,这样才能达到立德树人的效果。

在四年级的一节体育课上,我安排了"播种与秋收"的游戏,让学生在游戏的同时完成短跑练习,从中体会爱惜粮食、不能铺张浪费的道理,培养学生团结协作、互帮互助的优良品质。

游戏开始前,我先组织学生一起背诵古诗《悯农》,边背诵边闭上眼想象诗中的情景,用情景法导入游戏。接着我开始渲染气氛并引导学生体验"播种"的感受,通过分组比赛的形式完成"播种",评出优胜小组,并给予表扬鼓励。然后我又采用小组合作的方式组织开展"收割"活动。

比赛结束后我问大家:"播种收割累吗?"同学们异口同声地回答:"好累啊!"这时我引导启发学生谈体会。有的说:"种田好辛苦,粮食真是来之不易啊。"有的说:"我终于体会并明白了诗中所描述的情景。"还有的说:"我体会到了种田如此辛苦,以后再也不浪费粮食了。"这时让学生评选"先进小组"和"劳动最美学生",并给予鼓励表扬。我问:"为什么有的组没有评上先进?除了跑得慢之外,还有别的原因吗?"这时有学生说:"他们小组团结协作做得不够好。"我说:"说得有道理。你们要学会团结协作,这样才能做得更好。"

最后,通过适时引导,让学生懂得粮食来之不易,要珍惜粮食,热爱劳动,尊重劳动,回家多帮父母干一些力所能及的家务,等等。

这堂课气氛活跃,学生积极认真,不仅完成了预定目标,还取得了意想不到的效果。快下课时,一位低年级的小朋友从我们班前面走过,吃了一半的棒棒糖随手扔了。有位同学看到后认真地说:"谁知盘中餐,粒粒皆辛苦。"我听了心中一动,本节课的教育效果得到了体现,多可爱的孩子们!

由此看来,在体育教学中,立德树人是多方位、多渠道的,只要我们善于发现,把握时机,采取积极有效的措施,自然会收到意想不到的效果。

从立德树人看体育教师的角色扮演

王会彬

党的十八大明确指出:"把立德树人作为教育的根本任务,培养德、智、体、美全面发展的社会主义建设者和接班人。"体育学科作为学校教育的重要组成部分,要把运动技术教学与全面育人结合起来,从"教书匠"转为"育人者",要在思想观念上有清晰的认识,践行教学即育人、育人无处不在的理念。

体育与健康课上经常会分散活动后再进行集合点评、讲解或示范等,先前要求学生做到"哨声响,活动停,面向老师听要求"。但学生很难做到,他们总会挤来挤去地讲话或与同伴玩耍,使我没办法快速集中起来完成下一步的教学任务。后来,我采用了"木头人"游戏来吸引、提醒学生,当我喊"一、二、三,木头人",学生个个都面向我停在原地做出各种漂亮的动作,当我喊"一、二、三,立正——稍息"时,所有同学都能做好"快、静、齐"。坚持了一段时间,学生们慢慢养成了遵守纪律、听从指挥的良好习惯。体育与健康常规教学中时时处处渗透德育,久而久之,学生的行为、意识开始转变了。在课堂中养成良好习惯,不仅能使课堂教学效率提高,而且能为学生自身的发展打好基础,真正达到立德树人的目的。诸如此类的事天天在发生,抓住这些来自教学现场的"小"事,就是做了育人的"大"事。

要掌握育人方法,充分发挥好教师个人的榜样示范作用。教育最伟大的力量来自"亲见的力量"。要培育学生"为他人着想"的品格,老师应自问:我有这样的品格吗?作为体育教师,要让学生认真参与体育锻炼,自己就要积极参与各项体育运动,保持健美的身材和良好的运动技能;要让学生穿运动服装上课,自己就要每天着装整洁,每课必穿运动服装;要让学生团结友爱,关系和睦,尊重他人,自己就要富有爱心,平等对待每个学生,特别是对于那些体育学习进步缓慢、自由散漫、运动困难的学生,更要关注和重视;要让学生做到公平公正,遵守规则,自己就要公平对待每一件事、每一个学生,处事公正,严格执行比赛规则。

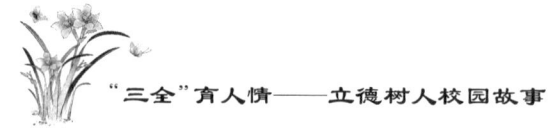

体育培养俯视困难的勇者

李建方

每每走在学校的绿茵场上,心中总会荡起一丝激动的涟漪,几年前带领孩子们在这里挥洒汗水、奋力拼搏的场面还时时浮现在眼前。尽管那群活泼的孩子已经毕业好久,但每每想起她们,感觉就在昨天,她们那挂满汗珠的笑容已经深深镌刻在我的记忆里。

五年前,我开始任学校女足教练,开启了与一群懵懵懂懂、不知道足球是啥的女孩子一起努力的时光。折戟于濮阳市阳光体育运动会后,尝到了失败的酸涩和痛苦,我们的目标更加明确了,那就是赢球。于是我们重拾信心,为接下来即将开始的濮阳市第一届"市长杯"校园足球联赛做最充分的准备。那是我和孩子们都非常投入的一段时期,我精心准备着每一次训练的内容,观察每一个孩子的技术特点和进步,做最充分的技术训练和战术意识培养计划。孩子们完全投入其中,对我的要求都执行得很好,她们自己也会思考和创新,对我提出的训练内容能够举一反三,并达到了很好的效果,这着实使人欣喜。

在这期间,学校对足球训练高度重视并给予最大的支持,校长李慧军在构绘适度教育理念时,把"身体壮"放在培养目标的首位,就体育对孩子们成长的影响给予厚望。各部门对足球训练教学提供了极大的便利和支持,我们的训练更加专注了。

努力没有白费,"市长杯"足球联赛开始后,我们展现了强大的优势,孩子们争相请战,不畏困难,经过两个月的征战,最终以六胜一平,净胜35球的绝对优势夺冠,为自己和学校交上了一份满意的答卷。

女足夺冠着实振奋了学校,大家谈论的话题离不开足球了,孩子们把能进入足球社团作为一种荣耀,踢足球在濮阳市第二实验小学蔚然成风。

之后,我的队员们的生活趋于平淡,我忙于教学,孩子们忙于学习,偶尔能在球场上看到她们踢几脚球,但已不是常态,为了一个明确的目标拼搏的时光已经成为过去。想到这里,心中突感怅然失意。我时常思考,我带领孩子们拼搏了这么长的时间,给她们带来了什么?只是几张奖状和奖品吗?

这个问题困扰了我很长时间,直到这群孩子们毕业后成了初中生。有一次,孩子们来找我,看到她们阳光自信的笑容,是似曾相识的感觉。她们和男孩子踢了一场球,很快便以0∶2败下阵来,她们似乎意犹未尽,讨论着刚才的失误和不足,期待着再试一试。我有豁然开朗的感觉,我给孩子们带来了什么,学校为什么如此重视体育……原来都在这里!

我可以无比自豪地说,当我再次看到我的队员们的时候,我看到了很多来自骨子里的优秀品质。她们阳光自信,性格开朗,没有了我选拔她们时的那种犹豫和怯懦。她们面对老师时比其他同学更加大方和坦荡,显得大气而自然,这是很难从书本中学到的。在比赛竞争时,她们乐于参与和享受,不为胜负所累;遇到困难时,她们展现了冷静和积极的品质,没有显示出任何的沮丧和懦弱。如此种种,构筑了她们强健的体魄和阳光健康的心灵,这不正是李慧军校长提出的力促学生全面发展、全人成长的表现吗?

体育的目标不光是强健体魄、提升技能,还要培养直面困难、敢于拼搏的品质,最为重要的是,我们既要让孩子们学会争取胜利,也要学会坦然面对失败,树立在困难面前强大的心理优势。学会争取胜利是强者,学会直面困难才是勇者。在人的一生中,胜利并不是时时相伴,敢于直面困难才是内心强大的标志。而我们体育人的目标,就是培养一批批俯视困难的勇者。

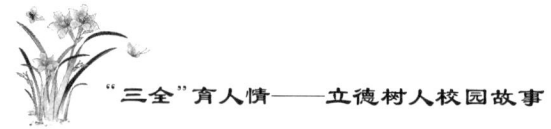

有一双善于发现的眼睛

和海亮

时光如梭,岁月如歌。转眼间参加工作已经十几年了,回忆这些年的工作,有很多的故事,也有很多的快乐。我们所要面对的事情太多、太复杂了,但在工作过程中我也学到了许多专业知识,掌握了一定的工作经验,借此机会我就把自己的教学经验和大家一起分享。

作为一名体育教师,在教学中得到了很多的快乐。小学阶段是性格形成期,我们应当通过体育教学培养学生良好的性格,使他们乐于交往,兴趣广泛,与人和谐相处并积极进取。在体育分组活动中,经常会有个别学生不愿参加小组活动,于是我便在巡视中不时地过问该小组每个成员的活动情况,及时表扬小组成员取得的成绩,使不合群的学生增添信心,融入群体。此外,我还创设两人合作的游戏比赛,让这类学生在愉快的气氛中与同伴打成一片。这样日积月累,持之以恒,就能帮助学生培养起良好的性格。

记得有一次二年级"短绳"教学课,全班练习完后还有多余的几分钟,我就按男女分两大组安排了跳长绳。首先我让一部分会跳长绳的同学示范了一下,然后又简单讲解了跳长绳的动作要领,接着就让学生分组练习了。可是当我刚转身去整理短绳时,就有几个学生跑过来告诉我说,有几个学生不愿意跳,在边上自己玩别的;还有一部分同学不排队,插队跳;还有同学在讥笑别人不会跳,总之队伍很凌乱。听了学生的汇报后,刚开始我很生气,他们也太没组织性、纪律性了。当我了解了情况后,我改变了想法。原来,70%的学生都不会跳长绳,而会跳的学生都争先想在全班学生面前表现一下自己的能力,还有部分同学想跳又不会跳,跳不好还要被同学讥笑,于是同学间就出现了互相谩骂,有的学生就干脆不跳,到边上玩自己的,到最后大家都觉得没劲了,所以也就失去了练习的积极性,队伍出现了混乱的现象,最终导致练习的失败。这节课给了我很大的震撼。

课后我写了一些教学小结,教师在教学中应想方设法为学生提供自主学习的机会,但也不能忽视学生的需要和情感的体验,使学生在教师的引导下潜移默化地培养自主学习的能力,使学生们的身心得到全面、协调的发展。教师要根据教学内容设计教法,要有选择性和针对性,常变常新,始终吸引学生的学习兴趣,进而把教学过程变成学生想学、乐学的自觉行动。在教学中要采用多种教法和手段,营造宽松的教学氛围,激活学生的学习兴趣,更多地重视学生在学习过程中是否学会探究与分析,从小树立他们"知其然,更要知其所以然"的学习态度。并且多让学生谈感受,大胆地说出自己的想法,让每一位学生都能成为新课堂中的小主人。

当然,体育课更是德育、智育。要发展快乐体育、阳光体育,那么我们应该在育人路上善于发现孩子们的表现。我们如果在育人路上给孩子们创造一个宽容、理解、信任的环境,孩子们定会还给我们一个个耐人寻味的故事。

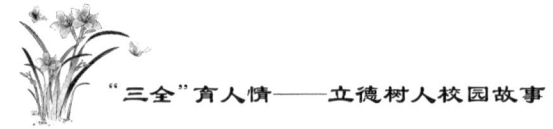

抓契机进行思品教育

张清海

"没关系,这一次输了,下次我们赢回来,加油!"这是我在上四(2)班体育课时王铮同学说的话。多么朴实的语言,又是多么感人!

这节体育课我安排了学生练习50米加速跑,在分组分项练习之后,是学生接力赛跑的练习。在第一次比赛中,张良同学在中途跑的时候不小心摔倒了,但他还是坚持跑完了全程,回到了自己的队伍中。在这一轮比赛结束后我去看了摔倒的张良同学,他的腿上蹭破了皮,流了血,疼得他直掉眼泪。也正因为张良同学的摔倒,他们小组没有拿到第一,有同学失望,有同学惋惜,就在这时,王铮同学说了上面的这句话。

我在上课的时候经常让学生做各种游戏,很多学生都很喜欢篮球赛、足球赛、接力比赛等竞争性的游戏。比赛过后,特别是输的一方有时会产生相互埋怨、指责队友的现象,使同学之间产生不必要的矛盾。我经常想,如何通过此类游戏来培养学生的竞争意识,教会学生正确的看待胜负,培养胜不骄、败不馁的良好品质?如何教育学生面对失败要经得起考验,做到不互相指责埋怨,善于从失败中找原因和不足,团结协作,争取在下次比赛中取得更好的成绩?

"没关系,这次输了,下次我们赢回来,加油!"就是这短短的一句话,让我受到了启发,我也很是感动。王铮同学的这句话不就是解决上述两个问题的大好切入口吗?我抓住机会在课堂上对学生进行了德育教育。比赛结束后,我首先表扬了王铮同学的做法,在比赛中,当有同学出现失误时,他没有指责和埋怨,而是给同学以鼓励和加油。张良虽然受伤,但仍然坚持比赛的这种顽强精神值得我们每个同学学习。通过这种方法让学生认识到,在别人遇到困难或挫折的时候要学会帮助他人,互相加油,不指责,不埋怨,做到团结互助。作为教师,每学期都应组织几次有效且实用的体育活动,老师在整个活动过程中是指导者,更多的则要学生自己参与和领悟在活动中发扬团队精神的重要性,潜移默化地培养学生的团结互助精神。

经过这件事情,我想,在以后的教学中,我应多留意一些细节,将德育的思想渗入每一个学生的心灵,使学生在轻松、愉快的氛围中学习,在团结互助、相互支持中得到锻炼,从而提高学生的思想道德水平。

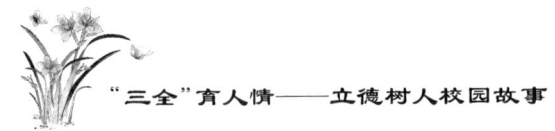

数学课堂里的点滴

王晨童

习主席强调要把立德树人融入各类教育的各个环节,贯穿教育各领域。作为一名数学教师,我们的主要任务除了向学生传授数学知识、培养学生的逻辑思维能力和运算能力以外,同时也要结合数学教学对学生进行有效的思想品德教育。

一、在导入新课中渗透育人

在教授《认识平均分》一课时,我提出这样一个问题:"如果你有6个桃子,要分给你和你的爸爸妈妈吃,你准备怎么分?为什么?"一个学生说:"给爸爸1个,给妈妈1个,我吃4个。"他给出的理由是他最喜欢吃桃子,爸爸妈妈肯定愿意多让他吃。第二个学生说每人分2个,他的理由是每人分的同样多,谁也不吃亏。第三位学生这样说:"给爸爸3个,妈妈2个,自己留1个。"他的理由是爸爸妈妈每天工作很辛苦,要给他们多吃。这时我适时表扬他是一个孝顺父母的好孩子,也教育学生要向他学习。在这个教学环节中,除了教授学生有关"分"和"平均分"的数学知识外,还渗透了尊敬父母、孝敬父母的良好习惯。

二、在教学过程中渗透育人

在教授《位置》一课时,设置一个情景:小猪找不到回家的路,请小朋友用学到的前后左右的知识来帮小猪找到家。这一环节既可以让学生巩固知识,又可以对学生渗透德育教育:日常生活中,其他同学有需要帮助时,要伸出援助之手帮别人一把,等等。

在教学"比大小"时,通过小猴子分水果,让学生学会比较1到5各数的大小,同时在分水果时对学生进行德育教育:小伙伴间要友爱,互相谦让。

三、在练习中渗透育人

在学习《有余数的除法解决问题》一课时,有这样一道题:亮亮一家去游

玩,要坐缆车上山。每辆缆车最多坐6人,亮亮前面有24人在排队,亮亮要坐第几辆缆车,学生列出算式计算,这时我趁机反问:"前面排的队太长了,如果插个队,亮亮就能早早坐上缆车,这个方法怎么样?"这时学生会说:"不可以,要文明排队,不能插队。"这时对他们提出表扬,既解决了问题,又渗透了要文明排队的意识。

当然,在课堂教学的各个环节都能渗透德育。这就要求我在教学过程中注重倾听,及时抓住课堂上的精彩瞬间,适时对学生进行德育教育。

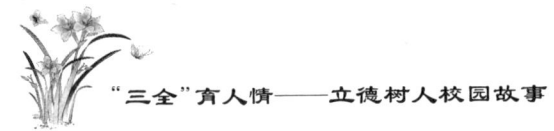

立德树人小故事分享

牛广朝

课程改革已进入3.0时代,小学数学教学已不再是单纯的知识的传授,还有"立德树人"这个教学任务。而我们要想把育人目标适时、适度地融入课堂教学中去,就需要老师们在平时的教学工作中思考如何挖掘教材中的育人资源,如何利用育人资源潜移默化地对学生进行德育教育等问题,我们既不能把数学上成思想品德课而失去数学的味道,又不能生拉硬扯、牵强附会把育人当点缀。那么,怎样在小学数学教学中对学生进行育人教育呢?下面给大家分享几个小故事。

一

五年级数学老师张桂玲在教学"圆的认识"时,课前让学生查一查有关圆周率的资料,使学生知道了世界上第一位将圆周率算到小数点后第七位的是中国人,比西方国家要早几百年。课堂上教师再补充祖冲之父子刻苦学习的故事,介绍我国古代科学技术的发展水平,学生在听故事的过程中不但能学知识、长思想,还能激发民族自豪感,并树立热爱科学、探索科学奥秘的理想和信念。

二

翟志然老师在讲"认识比"时,说道:"2003年10月15日我国第一艘载人飞船"神舟"五号顺利升空。在太空中执行此次任务的航天员杨利伟在飞船里向人们展示了联合国国旗和中华人民共和国国旗。听完这段话你有什么感受?"孩子满怀激情地表达了作为一个中国人的骄傲和自豪,同时表示要努力学习,长大也要为祖国做贡献。这样的教学在让学生掌握知识的同时建立良好的思想品德习惯,促进学生的全面发展。

三

于征老师在教学"1亿有多大"时,从收获1亿粒大米所需要付出的劳动

中感受到爱惜粮食,珍惜劳动人民的劳动成果,"谁知盘中餐,粒粒皆辛苦"是孩子们真实的表达。选择节俭,不仅仅是选择了一种生活方式,更是一种做人的态度,不论贫穷富裕都要俭以养德。当孩子们读到"每秒钟浪费一滴水,那么一个月要浪费 1 219 200 滴水,每年将流失 4 亿多滴水"时有感而发:地球上最后一滴水将是人们的眼泪。教育无声,但却有痕! 课后我们欣喜地发现学校卫生间的洗手池旁多了孩子写的温馨提示:请您节约用水!

四

闫蓉蓉老师的班级经常出现"长明灯"现象,总是不能杜绝。为此,闫老师设计了"浪费知多少"的数学专题活动课,要求同学们计算全校每年浪费的电有多少。闫老师首先让学生讨论要求出这个结果应知道哪些条件。学生提出,要知道哪些时间亮灯算浪费,一盏电灯亮一小时要用多少电,一个教室有几盏灯,全校有几个教室,等等。学生自愿展开小组合作,分别调查不同年级的教室每天不该亮灯的时间是多少,再取平均值,一部分同学去查询怎样计算一盏日光灯一小时要用多少电,另一部分收集其他相关的数据。课堂上,当计算结果出来后,学生都大声惊叫。这时,不需教师说什么,学生早已意识到"人离灯熄"的重要性,纷纷表示要向全校同学倡议,有的学生还指出老师也要身体力行,因为孩子们经常发现办公室有"荧光",那是电脑显示屏的光亮……

本堂课学生综合运用已学的知识和经验,经过自主探索和合作交流,解决了具有一定挑战性的问题。通过数学知识的运用这一载体,对学生有效地进行了节约能源的思想道德教育,达到了"随风潜入夜,润物细无声"的效果。值得表扬的是本节课孩子们学习方式的改变,孩子们通过小组合作进行生动活泼的、主动的和富有个性的共同探究学习,这种学习法体现的理念是:孩子们一起学习,既要为自己的学习负责,又要为别人的学习负责,孩子们在既有利于自己又有利于他人前提下进行学习。在这种情景中,孩子们会意识到只有在和小组其他成员一起成功的前提下,自己才能取得成功,有助于培养学生的集体意识和团队合作精神。

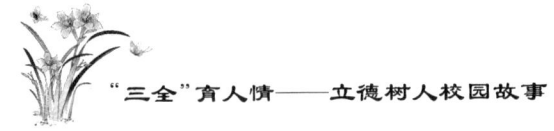

美术教学中的立德树人

王丽彩

印度哲人泰戈尔说,德育就是要使学生养成点燃知识之灯的智慧,其目的在于造就健全的人格,完善人的心灵和精神。我一直从事美术教学工作,也充分地认识到了德育教育在教育中的重要性,育人先育德是所有教育人达成的共识。我在美术教学中以"导入——授课——总结——拓展"这四个步骤,将德育教育渗透到每一个环节中,取得了令人满意的教育效果。

一、深情导入,德育教育萌生枝芽

导入在教学中无疑是一个重要的环节,好的导入才能激发学生的学习热情。正如良好的开端是成功的一半。为了将德育充分地导入美术教学中,我们在导入的内容选择上可以倾向于贴近学生生活中积极向上的人物事件。成功的导入是美好的开端,有助于激发学生的学习兴趣。教师精心设计的导入艺术,就可以将学生轻松带入课堂氛围,从而增强其情感体验,达到"以美育人"的效果。

在教学中,我用生动、形象的电化教学和富有感情的语言,将学生的思想感情带入教材所描写的情境之中,引起学生内心世界的共鸣,既激发了学生的学习情趣,又使他们受到了生动的爱国主义教育。例如在五年级美术《人民艺术家——齐白石》一课的导入中,我运用PPT给学生讲解梅兰芳先生留须明志以爱国的故事,以一个伟大的艺术家高尚的思想情操,激发起学生去深入了解另一个伟大艺术家的愿望。既达到了导学的目的,又给学生上了一次爱国主义教育课。

二、精彩授课,德育教育全面开花

在美术学科的课堂教学过程中进行德育渗透,达到育人目的,教师所讲述的道理不能是空泛的说教,而要做到有情感的渗透、感染,学生在潜移默化中形成个人的意志和行动,在"润物细无声"中受到启迪和熏陶。小学的美术教材,每幅作品都蕴含着德育内容,只要细细地去挖掘,就不难发现。

如美术教材中画定州的宝塔、北京的长城、家乡的水果、我家一角、民间花灯、剪纸、工艺美术等等,都是进行爱家乡、爱祖国教育的好素材。例如:在上《繁华的街市》一课时,通过家乡现在和过去街道的对比,指导学生运用一定的技法在旧街道上改画、添画。很快,破旧不堪的旧街道被学生改成了繁花似锦、高楼参天的新街道。学生在改画的同时,强化了基本技能的训练,同时,也受到了爱家乡、爱祖国的教育。

还可利用绘画中的命题创作,如《我的家乡》《未来的我》《未来的儿童宫》等,通过教师和同学之间的探讨和启发,让学生大胆想象,这对培养未来的建设者将起到不可低估的作用,还可帮助孩子树立开拓的信念和创造的志向。同时,老师可有意地强调这些创作的难度,让学生懂得建设好这些美好的事物,除了要有不畏艰难的精神,还要有勤劳踏实、认真耐心的好学风。

在教学中我感受到:要想在美术学科里潜移默化地渗透思想品德教育,就必须深刻挖掘美术教材中的德育因素,只有这样,德育、教育才能在美术教学中得以良好地渗透。

三、课堂总结,德育教育硕果累累

课堂总结要简短、精悍,通过这节课的学习,传达你想到的东西,使学生得到启迪,来感悟其中的真谛。如世界美术大师、坚定信仰的凡·高,执着追求的马蒂斯,全心投入的罗丹,无不激励着学生坚韧不拔、努力进取,这无疑也是对学生进行德育教育的契机。例如《设计标志》这一课的结束语:"刚才老师享受到了你们创作的快乐,虽然在制作的过程中有同学遇到了困难,但在其他伙伴的帮助下,都顺利地解决了,让我真正感受到了同学们团结的精神。"老师的话语对学生起到了引领的作用,培养学生热爱班级、热爱集体、热爱社会的情感。

四、课外拓展,德育教育收获颇丰

美术课上只讲不拓展,那么教学就成了单纯的课本教育了,达不到较高质量的"立德树人"作用。拓展环节,就是以美术教育的内容指导学生具体实践。美术的思想教育,要能对学生的日常学习生活起引导作用。

同时,美术学科除正常的教学时间以外,可为学生开辟"第二课堂",让学生从中开阔视野,丰富课余生活。如组织绘画兴趣组、书法兴趣组、书画研究兴趣组、艺术品收藏兴趣组,开展各种活动,使学生驰骋于艺术的殿堂之中,从中受到审美教育。

总之,我们教师就像暖洋洋的太阳,把每一节课都化成"立德树人"的

光,让每一个学生都健康成长,让每一个学生都享受成功的喜悦。立德树人教育任重而道远,我会不断思考,不断实践,用这种潜移默化的德育渗透,让我们的学生在美的境界中学会做人的道理。

言传身教 以课育人

许 强

习近平总书记指出立德树人为教育之本。立德树人可谓是中华民族永恒的教育价值追求,绵延不断,源远流长。我校的领航人李慧军校长提出实施"立德树人+",时刻告诫我们作为一名教师,不只是传授知识,更要牢记立德树人这个根本任务。在教学中要坚持德育为先,坚持以人为本。

首先,做一名有思考力的教师。教师的思考力,主要体现在对待问题的处理方式上,在合适的地方处理与之相关的教育思考,尽量寻找创新点,在教学活动中融入自己的思考,精心设计育人理念。如:在学习《乘法的初步认识》一课的时候,我设计了以游戏闯关的形式巩固基础知识,学生每闯一关都会得到不同的智慧星,等闯过五关之后,我把所有的智慧星按台阶的形式进行组合,然后告诉学生人生就像爬楼梯,需要一个台阶一个台阶地爬,只有脚踏实地,才能最终到达顶峰,体会"一览众山小"的豪迈。让学生明白做题如走路,急不得,要一步一个脚印地走下去。

其次,做一名有创造力的教师。怎样设计一节常态课,才能对学生进行多方面、全方位的育人教育呢?作为一名有创造力的教师,要善于整合资源,仔细研究与推敲。智力、想象力及知识,都是我们重要的资源,要学会合理利用。如:在学习《观察物体》一课时,我设计了三个方面的育人理念。第一,欣赏古诗与图片,整合了语文知识,借助古诗"横看成岭侧成峰,远近高低各不同",用诗人理性的思考、优美的语言引领学生品赏庐山之美,让学生体会祖国山河的壮美,激发爱国之情。第二,欣赏国产大型客机 C919 各个角度的图片,可以感受国产飞机的霸气,引导学生为中国制造的国产名片油然而生骄傲的幸福感,培养学生的爱国之情。第三,从不同角度欣赏阅兵式的图片。横成排、竖成列,中国军人个个英姿飒爽,扬我国威,壮我中华。带领学生感受祖国的强大和中华儿女万众一心的精神面貌,升华学生的爱国之情。

立德树人是每个教师都应该努力的方向，它关乎着国家和民族培养合格建设者和接班人的千秋大计。作为一名数学教师，在教育教学中坚持渗透立德树人的思想，努力使每一个孩子都能成为社会有用之才是我努力要做到的。

初为人师,收获满满

杨天睿

时光如梭,一晃我来濮阳市第二实验小学已经三个年头了,走到操场,总会想起曾经洒下过的欢乐与汗水,以及我初为人师时的第一届学生一起嬉戏学习的场景。我永远无法从记忆中将其抹去,我深深体会到了当一名体育教师的艰辛,同时也感受到了其中的乐趣——当一名体育教师真好。

2017年9月,刚刚大学毕业的我初为人师,匆忙、慌张。因个人原因,我上班迟了两个星期,又因异地还没来得及找到住的地方,我背着行囊,踏进濮阳市第二实验小学的大门,直接就去见了吴校长,这时我的年级组长石凤利老师已经在吴校长办公室等我了,石老师见了我就说:"天睿,你终于来了,我们的孩子已经两个星期没有上体育课了,还有5分钟就是我们班的体育课,走吧,我带你去班里。"就这样,我的第一堂课就开始了。

第一次,我不知所措,想象着孩子们两个星期没有上体育课了,肯定是激动着、高兴着、欢呼着,站好队在操场等我。可我没想到的是,孩子们都不知道如何站队,在教室门口站成乌泱泱的一大片,我顿时不知如何是好。准备出发去操场的时候,孩子们一拥而上,唯恐自己落了后,我担心坏了,怕他们摔跟头,发生踩踏事故。这时我让自己冷静下来,想起大四时实习的经验,我应该先给孩子们排一下队。可是在排队的过程中,总有几个孩子不听话,乱动乱跑,不站在自己的位置上,想去哪去哪,想干吗干吗,真是一团乱麻。

就这样,我的第一节体育课在慌乱中结束了!课后我见了我的体育组长王庆晓老师,也是我第一任师徒结对的师傅,他感受到了我的苦恼,安慰并告诉我一年级的孩子刚从幼儿园来到小学还不适应,第一节课应该先在班里讲一下纪律,告诉他们什么是安全的,什么事情可以做,什么事情不能做,然后再让他们去操场。有了这次对话,我在其他班的第一节体育课顺利了许多!

石老师班里的那个在操场上到处乱跑的孩子,在随后的几个星期里还是让我很苦恼,因为怕他离开我的视线,我时刻都紧盯着,但是他的人虽然

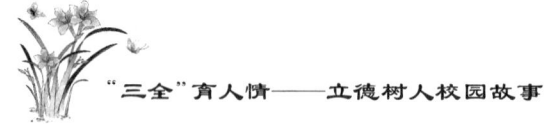

站在队伍里,心却不在,一会儿蹲着玩草,一会儿到处乱跑,你叫他,他就故意装作没有听见。但是有一次让我发现了惊喜。在复习队列队形课时,我发现他做得还挺好,就当着全班同学的面第一次表扬了他,看得出来他很高兴,更让人开心的是,他这一节课都注意力集中,而且充满兴趣,从此,只要他有一丁点儿进步,我就马上表扬,他表现得越来越活泼,越来越优秀,还会时不时地跑过来说:"老师你看看,我会侧手翻、我会跳绳……"就这样,他变成了我最喜爱的学生。现在,他已经是四年级的大孩子了,我也已经不教他了,但是当他见到我时总会喊一句:"老师好!"

所以,我想,正如李慧军校长所说,低下身来,要和学生做朋友,用一颗关爱之心和学生交流沟通,时刻关注学生并表扬他,就可以感化学生。

虽然经验还不是很足,但是现在的我,带着学生的期望,站在阳光下的操场上,成了一名真正的体育教师。

这就是我初为人师的故事,它是我人生旅途中一笔无法估量的财富。在这段人生的旅途中我依然会无私地奉献自己的青春和满腔热血,用实际行动去诠释一个体育教师平凡而朴实的人生。

说个数学故事给你听

陈丽娟

陶行知先生说:"教育只有通过生活才能产生作用并真正成为教育。"新课标也强调让学生用数学的眼光从生活中捕捉数学问题,重视学生的学习体验,倡导学生主动地运用数学知识分析生活现象,自主地解决生活中的实际问题。这就要求我们在日常的数学教学中,应时时注意把数学教学生活化,把学生的生活经验课堂化,化抽象的数学为有趣、生动、易于理解的生活实践,让学生感受到数学来源于生活,数学与生活是永远无法剥离的,数学已经融入生活的方方面面。因此,教师应该从学生已有的生活经验及旧知出发,将生活中有关数学知识的内容引入课堂,并与课堂所教知识相融,激发学生的探究欲望。

例如《小数点移动引起小数大小变化的规律》一课,是学生不易理解的。为了让学生学得有趣、易于理解、接受,整个假期我都在苦思,想设计一篇精美的教案出来。功夫不负有心人,我决定以童话故事开头,让学生在听故事的过程中感受小数点移动所带来的小数大小变化的规律,从中感受与人交往要心怀包容、助力他人成长,亦促进自身人格成长。

2019年元旦到了,零家族的四兄弟还有小数点来到九的家,对九表示祝贺。九拿出最好的东西款待它们。吃饭时,零夸口说:"我们零的本领可大了,我们一个兄弟站在九哥哥后面,就会让九哥哥扩大十倍,两个兄弟站在九哥哥后面,就会扩大一百倍。如果我们四兄弟都站在九哥哥后面,还能扩大一万倍呢。你个小数点有什么本事呢?哼!"小数点微微一笑,说:"我没什么本领,但我可以把你们四兄弟变得可有可无,我还可以把九哥哥变大变小呢。"零不屑地哈哈大笑起来,笑它吹牛。小数点不慌不忙地说:"我们可以试试看呀。你们先帮九哥哥变成九万吧。"等零站好了队,小数点才慢吞吞地走到最后一个零的前面,九万一下子变成了九千了,零大吃一惊。小数点笑一笑,又向左走了一步,跨到第三个零前面,九千一下子又变成九百了,缩小为原来的十分之一。小数点依然笑嘻嘻地向左跨了一步,又走到第二个零的前面去了,哈哈,九百又成九十了。零气呆了。小数点不等它们反应过来,又紧接着向左跨出一步,到了第一个零的前面,把九十变成了九。四个零到此为止真的成了可有可无的了。它们急得都快哭出来了。

抓住这个机会,我忽然发问:小数点向哪移动可以把数缩小?向左每移动一位缩小多少?两位、三位、四位呢?孩子们学得情绪高涨。我赶紧言归正传。九赶忙出来打圆场:"小数点,零知道错了,你们各有长处,快点把它们变过来吧。"小数点大方地说:"大过年的,哪能让零兄弟不高兴呢。"于是,小数点向右跨出一步到了第一个零的后面,让九又变回了九十,扩大了九倍。接着又向右跨出一步,把九十变回了九百,又扩大了九倍。小数点继续向右走,到了第三个零的后面,九百变成九千了,又扩大了九倍。零兄弟高兴地拉起小数点,小数点就势拉着第四个零转了半圈,让四兄弟聚在了一起。九千又变回九万了。同学们,小数点向哪儿移动可以使数扩大呢?每向右移动一位这个数就要扩大多少倍?移动两位、三位、四位呢?

紧接着我又出了两组练习题,让同学们及时巩固所学知识,孩子们学得高兴极了,不但能准确做出来,还能讲出为什么。在课终分享环节同学们谈收获时,马跃同学还说出"学习不是为了争长短,而是为了同发展,成长为最好的自己"的名句,我的初衷能被孩子们感受到,并且说出来,这是我最大的收获。

因为喜欢　所以优秀

刘爱菊

星期五上午的第一节课,我一走进教室就告诉学生:"同学们,今天刘老师不想讲课了。"快人快语的马天宇问:"怎么了? 刘老师。"我装出一副很为难的样子说:"每次考试成绩总是年级数一数二的,年级组老师们非得让我介绍经验,李校长还要参会,你们说我该说点儿什么呢? 我有点儿发愁,特意向你们求助。那这节课呢,咱们就聊一聊好吗?""行!""那刘老师先问大家第一个问题:你们喜欢什么样的语文课呢?"

问题一出,学生们都把手举得高高的,争先恐后地回答,有的说喜欢活泼的课堂,有的说有趣的我们才喜欢,还有的说喜欢能玩儿又能让我们能学到知识的……"调皮鬼儿"王仪涵说:"刘老师,能让我开心、轻松、有趣的语文课,我才喜欢。""那,大家说说什么样的语文课,你们才觉得有趣呢?"

"机灵鬼儿"张俊熙说:"老师,比如上课的时候你给我们说个笑话儿,我觉得挺好玩儿的。""是呀,讲个故事,能让我们哈哈大笑的,放松一下,我们觉得很有趣。""小学霸"管明锐说:"老师跟你说吧,我最讨厌那些老师一直讲啊讲啊,讲得太没味儿了。能让我们学中玩、玩中学,我觉得那才有趣呢!"

听了这些孩子的发言,我故作惊讶地说:"天哪,我真忐忑不安,觉得当你们的语文老师更难了。那告诉我:现在的语文课堂怎样,能谈谈你的感受吗?"

我话音未落,闫子阳说:"老师,我觉得现在的语文课就挺有趣的,也挺活跃的啊。""你举例说说呗。""比如,你让我们进行的课前背诵、名人名言、成语接龙……我觉得都非常有意思。""对了,对了,有时你上课的时候还时不时地冒出一些歇后语,比如"张飞吃豆芽——小菜一碟""秃头上的虱子——明摆着"等等,这些歇后语我们听了觉得挺搞笑的,也挺有趣的。""阅读星"张赫宇说道。这时,班长程羽菲也站了起来:"刘老师,你还记得吗? 你有时上课还跟我们唱歌呢。记得那一次,你给我们讲《一面五星红旗》那一课的时候,讲着讲着,你就唱了起来。"她这么一说,我想起来了,那是三年

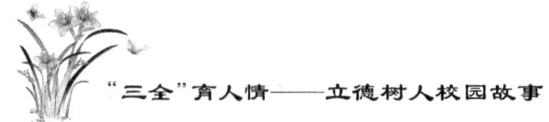

级我教《一面五星红旗》这一课时,因为文中的男青年为了维护国旗的尊严,宁肯挨饿,也不肯拿国旗来换面包吃,这是何等的爱国热情!当时,我就不由自主地唱起了孙楠的《红旗飘飘》:"五星红旗,你是我的骄傲,五星红旗,我为你自豪,为你欢呼,我为你祝福,你的名字比我生命更重要……"他们惊讶地看着我,继而掌声四起,那眼神和掌声中分明是对我的满满钦佩。此时此刻,我想:孩子们对这位男青年爱护国旗、维护国旗尊严的品质会留下很深的印象,接下来的学习就水到渠成了。

"刘老师,刘老师,"这时,一向少言寡语的高甜打断了我的思绪,"我喜欢上你的课,因为每节课都可以学到很多词语,如栩栩如生、鳞次栉比、醍醐灌顶……我能从中收获很多。""是吗?那每次上完课你有什么感受呢?""老师,每次上完课我就想刘老师积累的词语可真多呀,我也要多读书。"孙佳麒急不可耐,大声嚷嚷着:"就是就是,老师你还告诉过我们'青出于蓝而胜于蓝',我明白了这句话的意思后,就下定决心要好好学习,非超过您不可,要不多对不起您呀!"见状,我马上面对着全班同学们:"孙佳麒的话大家都听见了吧,可要给我们做见证人啊!"刚说完,刘祎就笑眯眯地看着我说:"刘老师,我也非常喜欢你的课,因为你让我们学中玩儿,玩儿中学,我觉得特别开心,学习起来也忒轻松。以后上课的时候儿,你再给我们多讲一些故事和笑话,好吗?"看着她期待的眼神,我笑了。

听了孩子们对我语文课的评价,我心里窃喜,也很受用。这时,我又顺势问道:"孩子们,那你们喜欢刘老师这个人吗?""喜欢,喜欢……"他们争先恐后地回答着。我故意装作不明白地问道:"你们喜欢我什么呢?必须得举例说明。""刘老师你很幽默,那天,王子默上课不认真听,你就说'对面的男孩看过来,看过来,看过来,黑板上的内容更精彩'。我们听了都哈哈大笑。""刘老师,我觉得吧,你有时候像个小孩儿似的。比如现在就很像,你看我们一直在说你的好的时候,你总是笑呵呵的。"不爱发言的李思语说道。经她这么一说,全班同学都大笑起来,我也毫不遮掩地哈哈大笑。"还有那一次,你看见讲桌上有个小陀螺,你就玩儿了起来。你还让我和你比赛,我怕比不过你,没敢!"淘气包陈正宇还朝我挤了挤眼。听了他的话,我顿时想起来了,故意装作孩子气地说:"哈哈,算你们狠,你们还敢笑话我哈,你们给我等着!""哈哈哈……"教室里又是一阵欢乐的笑声。"刘老师,我觉得你做事特别认真。现在,我也很认真,就是跟您学的。"我听了,心想:是啊,因为张天悦是我的得力小助手,我交给她的任务,她总能认真完成,如果哪一次完成不了,可能还少不了要挨我的批评,所以,她有亲身感受,也最有发言权。

时间过得飞快,不知不觉下课的铃声已经敲响了。我正要准备转身走

出教室的时候。安家凯又叫住我:"刘老师,刘老师,一直轮不到我说,我喜欢您上课的时候总是教我们一些东西。""什么东西?""那一次学习《夜莺的歌声》一课的时候,你还给我们讲第二次世界大战呢。"

看似很轻松的一节课,让我很开心,也许这就是班级成绩总是名列前茅的原因——因为喜欢,所以优秀。通过聊天,让我更加了解我的学生们,明白了他们需要什么,了解到他们渴望我做什么。我想:作为一个语文老师,就应该做一个让学生佩服的老师,"亲其师",才能"信其道",语文老师得有点儿自己的绝活儿,有能够吸引学生的东西,能让学生感受到一个语文老师的魅力。这就需要老师充分向学生展示自己的优点和强项,并不断完善自己,你在学生面前必须是"腹有诗书"的"杂家"。

作为语文教师,一进课堂就必须从容潇洒,体现出自信满满和胸有成竹。看似随口而出的一个成语、一句格言、一首古诗、一个典故,甚至一个动作、一个眼神、一种语气都透露出深厚的文化素养,这样就能打动学生的心。这是学习兴趣的催化剂,用知识美感令学生折服,学生就会认为教自己的语文老师是最棒的,从而仰慕你,更加喜欢你的课堂,自然就会听从你的教导,课堂教学自然就会高效,还用发愁学生的成绩吗?

我想,在以后的教学中,我还要读更多的书,多积累,多储备,不断充实自己的"知识库""资料袋",随时输送给我的学生,让他们真正地爱上教语文的我,也让他们更喜欢我教的语文课。

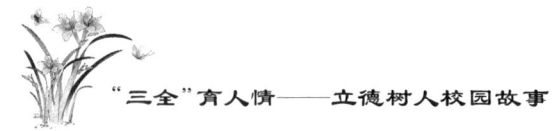

英语课上的地理小达人

刘会如

自2019年"立德树人+"工程实施以来，濮阳市第二实验小学的老师们不断地寻找和探索课堂新样态。当然我也不例外，"立德树人+"的理念像神奇的魔法一下让我摆脱了对课堂狭隘的认知，既可以运用不同学科知识解决实际问题，又可以促进学生全面发展的"学科+"——跨学科的融合课，深深地吸引了我。课程探索和实施过程也是我和学生广泛学习的过程。

在准备一节有关天气的课程之前，我给学生布置了记录第二天不同省份天气情况的任务，意在课堂上操练句型，同时了解一些简单的中国气候类型知识。课堂上，我提出"在冬天，为什么三亚和我们的气温相差这么大？"的问题并要求学生讨论时，我发现了一只似举非举的小手，眼睛看下我又快速躲开，内心似乎在做着斗争。她叫欣欣，是一名性格内向、不善于表现自己的孩子，每次回答问题我都要走到她的跟前才能听到。我以为她不舒服，快步走过去询问，她小声地说："老师，这个问题我知道。"说着从书包里拿出了一张画有中国地图的纸张，上面还标注着不同地区的气候类型，比我课下准备的要详细、直观许多。

欣欣激动地告诉我，这张图是她爸爸画的，昨晚他们也讨论到了这个问题。我走向讲台关掉我精心准备的这部分的课件，打开投影仪邀请她来讲台上为大家讲解。在同学们鼓励的掌声中，她红着脸走向讲台，尽管声音不是很洪亮，尽管讲解得不是很完美，但是在欣欣走下讲台的那一刻我看到了孩子如释重负的笑容和眼中的光芒，自此她荣获了我们班"地理小达人"的称号。在她的带领下，班里还刮起了一阵"地理风"，同学们手里多了一些有关地理知识的书籍，填补了孩子地理知识的空缺。

欣欣也不再是那个躲在角落里容易害羞的姑娘，从她的身上我看到了孩子身上有无数的可能，他们只是缺少一个表现的机会。于是在Number主题的课堂上出现了数学小达人，在Colour主题的课堂上出现了美术小达人，在学习Time主题的课堂上出现了时间管理小达人……

就这样，英语课不再是单纯地只教英语的课堂，而是结合英语的学科特

点以及英语话题内容涉及生活的各个领域,与许多学科的知识相关联,旨在打破学科间的壁垒,促进学科与课程资源的整合,这样的"学科+"课程才能全面提升学生的综合素养。

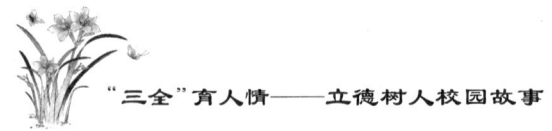

用爱唤醒学生

张 芳

这是我在五年级(2)班的一节"推门课",音乐学科的几位老师早早地就来到了教室。师生问过好后,学生们坐了下来。我习惯性地去看一个叫李安哲的同学,生怕他又出什么状况。这个同学是班里的"名人",是个让所有教他的老师都头痛的学生。学习和纪律不好在全年级都出了名,语、数两科成绩加起来还不够一百分,而且大有破罐子破摔的趋势。李安哲在课堂上注意力很难集中,每次上课手里总要拿点东西玩,哪怕是几个小纸团也能玩一节课。但让我意想不到的是,今天李安哲居然坐好了,这让我感到惊喜。我微笑着说:"同学们精神十足、坐姿端正,尤其是李安哲同学,你们看他坐得多好呀,让我们为他点赞!"同学们纷纷为他竖起大拇指,面对表扬,他显得有点不自然,可腰板下意识地又挺直了几分。

这节是欣赏课——欣赏交响童话《彼得与狼》。在认识过乐曲中出现的七种乐器之后,我让同学们记住七种乐器的不同音色,然后开始播放交响童话《彼得与狼》,请同学们聆听每个角色的主题音乐,思考每个演奏乐器对应的角色。播放音乐的时候我留心看了一下李安哲,他听得格外认真,眼睛忽闪忽闪的似乎在边听边思考。音乐结束之后,我请同学们说答案,并且根据学生的回答在黑板上将相应的角色卡片和乐器卡片贴在一起。全部提问完后,我发现自己只顾着提问,卡片只贴了一组。我忙说:"谁能帮助老师完成这个任务?"我惊喜地发现李安哲第一个举起了手。我请他到讲台上排序,他有些紧张,犹豫了一下走到黑板前,认真地选择、粘贴卡片,一口气将剩余的六组卡片全部完成了。我激动地问学生:"李安哲完成的对不对?"全班学生齐声说:"对!"还自发为他鼓起掌来。在一片掌声中他一脸欣喜地回到座位。拓展环节中,李安哲多次举手,还主动参与了情景表演,他把乐曲中的小鸟这个角色演得活灵活现。在最后的评选环节,李安哲被全班一致评为本次表演的"最佳小演员"。我笑着对他说:"老师第一次发现李安哲有这么强的音乐表现力,你今天很棒,老师期待看到李安哲更好的表现。"李安哲听完,不好意思地笑了。

在接下来几周的音乐课上,我总能看到李安哲早早地做好上课准备,课堂上坐姿端正、积极发言,每次他注意到我的视线时,总会冲我笑一笑,课下则会跑前跑后地帮我送琴、收书。我只是在课堂上适时地表扬了几句,就让李安哲从游离于课堂的状态有了质的转变,这让我很欣喜。

雅斯贝尔斯在《什么是教育》中指出:"教育就是一棵树摇动一棵树,一朵云推动一朵云,一个灵魂唤醒另一个灵魂。"爱是唤醒学生灵魂最好的魔法。课堂上,我们往往将关注度更多地放在了表现较为突出的学生身上,对于一些"学困生"关注度不够,但他们更需要老师的关爱与同学们的认可,一个关爱的眼神、一句简单的表扬、一些适时的鼓励,都能给予他们莫大的动力,都能让他们重拾自信。只要我们对学生付出真情,不吝啬夸奖的话语,用自己的爱去唤醒学生成长的动力和信心,他们一定会呈现出不一样的精彩。

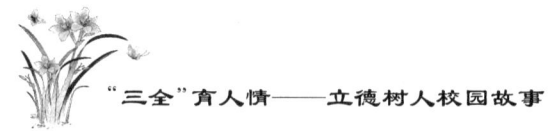

运用小故事,点亮大课堂

石庆利

作为一名小学数学教师,如何在数学教学中真正落实好立德树人这一根本任务,是新时代我们不可回避的研究课题。

刚入学的一年级孩子,天真烂漫,爱说爱动,自制力差,注意力容易分散,在课堂上,有时要玩一会儿与学习无关的东西。如果限制学生的"动",强制孩子们认真听课,孩子们就会产生厌学情绪。所以,一年级的教师应该在有限的时间内把课上"活",创设能引起学生求知欲并有助于参与数学、发展情感的教育情境。因此,对于一年级的学生来说,课堂上的趣味不能少,而故事教学正好是一种趣味性很强的教学方式,以小故事贯穿课堂,对于帮助孩子掌握新知识有着事半功倍的作用。

例如,在讲《比多少》一课时,在课堂上用讲故事的形式,把书中的情景编成《小猪帮助小兔盖房子》的童话故事引入,在悠扬、轻快的音乐中,有感情、有节奏地讲述,把学生带入童话的意境,唤起学生的学习欲望。小猪帮助小兔盖房子的小故事,需要同学们的参与,帮小猪、小兔当评委比一比,谁搬的砖多,谁搬的砖少?学生的积极性很高,掌握起新知识也轻松、容易,学会了比大小后,适时地在故事中教育学生,要像可爱的小猪一样,在以后的学习、生活中,学会帮助身边的同学,和同学们友好相处。

在教学《0 的认识》中,为了让学生感知"0"的含义以及书写,我根据课本素材"小猴吃桃子"编创了一个故事。有一天,天气特别晴朗,小猴一家去果园摘桃子,猴妈妈和猴姐姐在认真地摘桃子,而猴弟弟看到蝴蝶,就把手里的摘的桃子扔掉去捉蝴蝶。最后小猴一家摘了多少个桃子呢?咱们一起翻开书本第 30 页看一看,图中排在最前面的是猴妈妈,第二是猴姐姐,最后是猴弟弟。它们分别摘了多少个桃子呢?猴弟弟最后一个桃子也没有摘到,这是为什么呢?小猴子在做一件事情时三心二意,不要向它学习。在对学生进行思想教育后,我让学生把每只猴摘到的桃子数目做个记录,用一个数来表示,写在下面的田字格中。这时我又问:那最后猴弟弟一个桃子也没有摘到,该用几来表示呢?学生在说出"用 0 表示"的同时,也感知了它的含义,接下来的教学内容呼之欲出。

我在教学《比较20以内数的大小》时,讲述了一个这样的小故事。今天是小松鼠的生日,小牛和小山羊约好,一起到森林里给小松鼠庆祝生日。去森林要坐公共汽车,他们一大早就到车站,买好了车票。小牛的座位号是13,小山羊的座位号是15。过了一会儿,小猴司机开着中巴车来了。小猴司机想考一考小牛和小山羊,给他们说,谁的座位号数大谁就先上车。小牛和小山羊都还没有学过如何比较两个数的大小,你看看我,我看看你,不知道怎么办。他们想回去问问小狗,可时间又来不及了。小朋友,你们能帮帮小牛和小山羊吗?孩子们个个跃跃欲试,积极性很高,谁都想帮助小牛和小山羊。教师及时加以引导,学生很快就学会了20以内数比较大小的方法。让故事中的主人公做孩子们的朋友,参与数学,这样学生就真正走进教师的教学当中,真正领会学习数学的必要性。

孔子云:"知之者不如好之者,好之者不如乐知者。"结合一年级学生的心理和生理特点,把无趣的数学知识融入生动的小故事中,每一课学习内容、每一道练习题都可以用一个小故事来把它表达出来,并把知识融入学生的生活当中,与学生的实际生活紧密相连,这样既可以激发学生的学习兴趣,也可以利用故事情境进行德育教育。当然,在故事情境的编创中,我们要花心思认真揣摩教材,精心组织生动活泼的文学语言和精练准确的数学语言,故事情节紧扣主题,也就是为完成教学目标而说故事。在运用时要合理安排时间,把握好度,在必要时提出数学问题,从而把学生自然地从故事引领到数学知识的学习中。同时我们也要注意故事教学是手段而不是目的,选择的故事要与数学知识有关,不能单纯地为讲故事而讲故事。

总之,故事教学在小学低年级数学课堂上有着独特的意义和价值,它不仅仅是向高年级过渡的知识衔接,更是学习兴趣、学习能力和学习习惯的接续。故事教学给数学课堂增添了光彩,给孩子们带了无穷的乐趣,有效地激发了孩子们的学习欲望。

家庭劳动与自我管理

马瑞娟

家庭是人生的第一课堂,家庭劳动教育要从娃娃抓起,从小培养孩子的劳动意识,使其养成爱劳动的习惯,让孩子从小体验家庭劳动的快乐和意义非常重要,树立"自己的事自己做,不要给别人添麻烦"的劳动观念,提高孩子的自我管理能力。

家庭劳动可以锻炼孩子的意志品质。独立自主、坚毅和自信是一切有成就者必备的意志品质,这样的意志品质只有经过长期劳动磨炼才能获得。一般来说,劳动的过程其实也是一个体验成功的过程。孩子在做家务劳动时会遇到许多困难和挫折,每一次困难和挫折都是对孩子意志、能力的磨炼,每一次磨炼都会让孩子增长克服困难的勇气、抑制自身的惰性,在做家务劳动中孩子体验到了劳动带来的成就感,这种成就感的不断积累,就会形成独立自主、坚毅和自信的心理品质。

家庭劳动教育还可以培养孩子的责任感,更重要的是培养社会责任感。家务劳动对孩子成长有着不可替代的作用,家务劳动能让孩子们在劳动中体验精神上的愉悦,学会关心他人,增强人与人之间的感情,这对现在的独生子女更为重要。孩子从小从事力所能及的家务劳动,就能在不断的实践中逐渐认识到自己在家庭中的地位,意识到自己作为家庭成员应承担一定的家务劳动,并且逐渐养成为他人服务的意识,树立起对家庭的责任意识。

家庭劳动教育不仅可以锻炼孩子的意志品质,还可以培养孩子的责任感,使他们在家庭劳动的潜移默化中提升自己的自我管理能力。

立德树人在数学学科中的体现

寇亚锋

随着教育改革的不断深化,小学素质教育越来越被重视,坚持以人为本、立德树人是当前教育所要做的。结合李校长提出的《守正创新,深改提质,全员全程全方位"立德树人",构建德智体美劳全面发展培养体系》的要求,在教学中落实立德树人也是数学课堂的首要任务之一。

数学课不同于思想品德课和语文课,没有一个固定的思想教育点,但小学数学课标中明确指出:"要使学生在掌握基础知识的同时,智力得到发展,能力得到提高,受到思想品德教育。"因此,挖掘教材中的德育元素,优化教学过程,发挥教材本身思想教育功能和学科特点向学生进行德育渗透是非常有必要的。

一、挖掘教材中的数学瑰宝

数学教材的内涵十分丰富,它向我们展示的不仅是一门知识体系、一种技术工具,更是一种充满人类创造力和想象力的文化境界。在几千年的灿烂文化中,七巧板的流传、圆周率的得出、指南针的发明、高斯的故事等教学瑰宝,以及《九章算术》《周髀算经》等传世之作都是宝贵的教学资源。而这些资源为我们在数学教学中进行立德树人教育提供了优越的条件。教师引领学生在生动的数学文化中遨游,感受到数学的博大与精深,用心去触摸数学内在的文化本质,领略人类的智慧与文明。通过对教材有关内容的挖掘,有助于帮助学生树立远人理想,培养其顽强刻苦的意志品质。

教授数学知识时结合教学内容向学生介绍中国和世界上有重大贡献的数学家的生平事迹及其从事数学研究时刻苦钻研、追求真理的精神,使学生们懂得为人类进步做贡献才是人生最有价值和最有意义的,从而树立远大的理想。

二、采撷数学学科的灵动之美

华罗庚说过:"数学有无穷的美妙。"数学美的内涵是多种多样的,它包

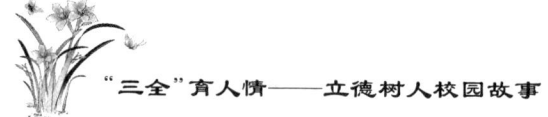

括符号美、数字美、简洁美、构图美、思想美、格式美、对称美、统一美、静态美和动态美等。数学的这些美展现于数学的每一个角落,所以,数学教学也是一门充满审美情趣的艺术。作为教师,应该在带领学生学习数学知识的同时,将数学美育融进数学教学。让学生发现并领略美、体验并感悟美、理解并欣赏美、追求并创造美,从而充盈学生的情感、净化学生的心灵、陶冶学生的情操。例如:在《认识七巧板》的教学中,让学生用七巧板随意地拼出自己设计的图样,从而培养他们发现美、创造美、感受美的能力。然后用七巧板拼出特定的图案,给学生制造挑战,这样他们的观察力、想象力及创造力都得到了发展,同时也锻炼了学生的视觉记忆、手眼协调、灵活开放、扩散思维的能力。

三、捕捉数学教学中的人文精神

课堂不仅是传递学科知识的殿堂,更是培育人性的圣殿。我们应该让教学过程成为学生对高尚的道德生活与丰富的人生历程的体验,使知识的增长同时也成为人格健全与发展的过程。通过设计情境,提出问题,引导学生去探索、去发现,让学生从中体验成功的喜悦和发现的快乐,通过讨论交流,不失时机地培养学生的合作意识和合作技能,同时培养团队精神。

在教学《1000以内数的认识》中,通过南京长江大桥的图片,介绍其公路桥长4589米,铁路桥长6772米,它是中国经济建设的成就,是中国桥梁建设的重要里程碑,而且,它不仅是新中国技术成就与现代化的象征,更承载着中国人团队协作、共同创造的智慧结晶,我们应为祖国的成就感到自豪和骄傲。

总之,在小学数学教学中,我们应充分挖掘课程资源中的德育元素,从实际出发,切实把握学生的思想脉搏,拨动他们的心弦,使他们的心灵得到陶冶,全面提高学生的数学素质。德育教学如细雨,润物无声;数学教学是沙土,无时无处不渗透着细雨之水;学生似小草,吮吸着沙土里的水分。只要我们精心设计,使学生受到"润物细无声"的教育,既能激发学生的学习兴趣,又能调动学生的学习积极性,提高教学质量。

育人在科学课堂中的渗透

葛利玲

育人是教育的根本使命,德育工作已经不仅仅是班主任和德育课教师的事,德育工作的主阵地已经不仅仅是课外实践活动,而是"润物细无声"地融入学科的课堂,课堂教学愈益肩负起"立德树人"这一教育工作的根本任务,学科育人成为学校教育的主旋律。身为小学科学教师,我会抓住时机,把育人工作渗透到课堂中。

在学习《声音》这节课时,我先播放了一段工厂厂房里嘈杂的机器声,同学们都堵住耳朵说:"太难听啦!"听到了刚才的声音,同学们心里很烦躁,这就是噪声给人带来的感受,为了缓解大家这种烦躁的情绪,我又播放了一首钢琴曲,这时大家都露出了愉悦的笑脸,声音和谐、悦耳动听,给人以美的享受。这时我顺势问了一句:"同学们,我们身边有噪声吗?"大家都纷纷举手说出了很多种噪声,其中就有一条"大声说话的声音"。那我们怎么才能创造一个良好的环境呢?有的同学说在教室里两个人说话不能让第三个人听到;上自习时应该是保持安静;走廊里不能大喊大叫,要低声交流;使用桌椅时不能拉拽,避免产生噪声;等等。通过这节课同学们不仅知道了什么是噪声,而且还知道怎样创造一个和谐安静、让人愉悦的环境。通过学习《地球上的水资源》一单元,学生明白了水是生命之源,地球上的水是有限的,有的地方人们还喝不上水,因此人们需要节约用水,那么如何节约用水呢?比如刷牙的时候要用口杯接水;洗脸剩下的水还可以用来洗刷衣物;洗衣服的时候洗涤剂也不要放太多,要不然还要用更多的水洗掉衣服上的洗涤剂;在洗澡的时候要及时关掉水龙头,采取间断放水;等等。

育人工作无处不在,我会牢固树立教师"育人为本""人人都是德育工作者"的观念。在今后的工作中不断进取,为育人工作贡献我的微薄之力。

花开课堂

刘秋娣

教育的契机就像花开一样,虽然有它的季节,但何时绽放,却在不经意间。花开的刹那,给我们带来惊喜的同时,也让一切的付出都变得值得。这样的课堂,需要老师长期精心培育,用心勘探,用爱点燃。

一节作文课上,我给出的作文题目是"我的理想",一提到理想,学生们个个都十分兴奋,争先恐后地谈起自己的理想。就在此时,班上一向不爱听课、喜欢捣乱、令各科老师都棘手的张明却把手举得高高的,站起来大声地说:"老师,我长大后想当一名军人。"其他学生听后禁不住捂着嘴笑了起来。我连忙严肃地对大家说:"人人都可以有自己的理想。老师相信,只要张明有决心,从现在开始好好学习,将来一定能实现自己的理想。"

听到我的鼓励后,张明的腰板挺直了,一副雄心勃勃的样子,我仿佛看到十几年后,一位身穿军装的青年男子站到了我的面前。

大家互相交流之后,便开始写作文了。平时很少主动写作文的张明,今天竟第一个拿起钢笔,低着头写了起来。我按捺不住心中的喜悦,看着他笑了!

丁零零……第一节作文课下课了。学生们走出教室进行课间活动,而张明却依然在教室里专注地写着。

第二节作文课刚上课不久,当其他学生还正在写作时,张明悄悄地把小手举起来说:"老师,我想把我的作文读给大家听!""好!"我连忙说。"我的理想是当一名军人,你们知道这是为什么吗?我当军人不是为了显威风,而是想保卫国家。但是我深深地知道,当一名军人是需要吃苦耐劳的。我一点也不害怕,就算让我失去生命我也心甘情愿。以前,我学习的时候不听老师的话,在这里我想对老师说一声'老师,对不起'。在今后的日子里,我一定会好好学习!决不辜负您的期望,请您放心……"听着,听着,我已控制不住自己的情绪,眼睛湿润了。

这是一节普通的作文课,可这节课可能会改变一个孩子的一生,也让我明白了孩子的内心世界是丰富的,需要我们用心去探索,正可谓花开课堂,香气四溢,令人欣慰!

第三部分 环境

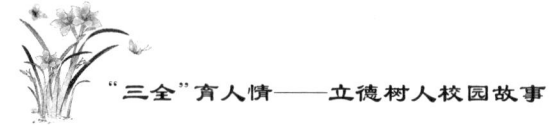

有一种成长让你骄傲

韦秀荣

校园环境是一个学校文明程度的重要标志。

学生的成长离不开学校立德树人的教育,学生们在知识的海洋里肆意遨游时,犹如一张白纸需要每个教职工来引导。首先要认识到位,维护校园自然环境是每个学生义不容辞的责任,好习惯要从娃娃抓起。

上课了,校园静悄悄的。隔着门窗听到老师慷慨激昂的讲课声,伴随着孩子们铿锵有力的读书声,嘀嗒嘀嗒的时间催促着打扫卫生的同志们。刚打扫完,我就看到远处有一名学生手拿好几个塑料瓶在玩耍、投掷……"你是哪个班的?为什么不上课?这样会影响同学们上课,回班去吧!""哎,怎么又是你?为什么把卫生间的水管都打开?难道你不知道这是一种浪费吗?保护地球、节约水资源是每个学生的义务,下次不能再这样了。""哎,哎,塑料瓶可不能往下水道里塞。"

每次他都不争不辩一溜烟跑了。关于他,我做了很多"无用"的事情。但其实,很多"无用"的阻止和教育使他悄悄发生了改变。有一天,他主动把垃圾丢进垃圾箱,卫生间的水管再也没有打开过,对于这名"问题"学生来说,这是一种成长,不能因为自己之前的"与众不同"而放飞自我,改变也是一种骄傲。

放学后,打扫卫生的同学利用这段时间尽情"玩乐",操场、过道、楼梯、绿化池,散落着同学们漏掉的垃圾,远处一前一后跑来两名学生,前面的学生跑得飞快,垃圾篓里的废纸、塑料袋在风起时"翩翩起舞"又随意落下,后面的学生喊着叫停,望着满地的垃圾,他弯腰捡起。我拦住跑回来的前面那个学生,说:"看到没,这些都是从你的垃圾篓里掉出来的,同样都是倒垃圾,可是你离文明差了一步。"男孩不好意思了:"对不起,下回一定不这样了,谢谢你帮我拾起了文明。"虽然这些只是少数同学不文明的行为,但全体教职工一致坚定地认为,校园环境不仅仅是保洁团队的工作,也是大家共同维护的工作。

我们用行为督导、引领、教育学生,同时,他们的成长也让我们感到骄傲。

第三部分　环境

最是那一弯腰的温柔

贾香菊

有一天中午放学,一排排路队正在前行时,突然发出一阵骚动,移动的队伍停了下来。不大一会儿,就围得里三层外三层的,从人群中还传出断断续续的哭泣声。看到这种情景,老师们赶紧走上前疏散了围观的同学,组织学生有序离校。围观学生散开后,我发现地上蹲着一个女生,双手捂着脸。我正要走上前去,这时,旁边有个老奶奶走过来说:"你是学校的老师吧,你快劝劝她吧,她不走,我也不敢回家。"接着老人道出了事情的原委。

原来,老奶奶的孙子和这个女孩是同桌,他们两个因为一点小事互不相让,女孩子把墨水甩了男孩一身。这一幕刚巧被老奶奶看见了,老奶奶就过去对着女孩呵斥了一顿,谁知女孩非但没有认错,还蹲在地上大哭,弄得老奶奶不知如何是好。我走上前去,拉了拉她的胳膊,说:"同学,同学之间要互相团结,就算是发生了矛盾也不该拿墨水甩人啊!"谁知,她却一甩手,大声喊:"谁都不要管我!"我一愣,一时也不知道该如何往下接了。

正在我们束手无策的时候,李校长从校门口走过来,她问明情况,走到女孩的身边,弯下腰,摸了摸她的头,在她耳边说了几句话。神奇的是,女孩看了看李校长点了点头,慢慢地站起来走了,还轻声地和李校长道别。

问其故,李校长说:"弯下腰,与孩子平等,孩子才能听得进你说的话;要站在孩子的立场说话,说孩子的话,才能取得孩子的信任;孩子也是要面子的,在外面大声训斥孩子的不足,这种做法是不妥的。"

还有一次,一个冬天的早上,我匆匆赶往学校。在上楼的一刹那,突然,从我的左侧"冒"出一个学生来,挤了我一个趔趄。还没等我开口询问,他便急急地对我说:"老师对不起,对不起。"说着转身就跑,我猛然看见他的鞋带散着,要是踩上,一定会摔跟头。于是,我大声说:"你停一下!"他疑惑地转过身,我指着他的鞋带说:"鞋带开了。"他挠挠头说:"我,我不会系,今天起晚了,我没来得及让妈妈系。"我弯下腰,帮他把鞋带系上。他冲我笑了笑,说:"谢谢老师!"我拍了拍他的肩膀说:"男子汉,不能总让妈妈给系鞋带吧!相信这点小事难不倒你!"

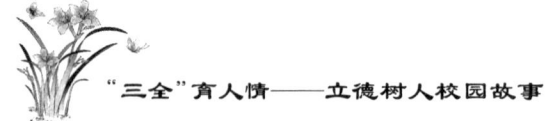

过了几天,(4)班的马老师对我说:"贾老师,我班的小南让我转告你,他已经学会系鞋带、系红领巾了。"

又有一次,一阵秋风过后,校园里飘来几片废纸,我弯腰捡了起来。这时几个早到的小学生从我身边走过,向我问好,说:"老师,把废纸给我吧,我跑得快,把它扔到垃圾箱里。"

教室里,总有一些纸屑,我总是默默地弯腰捡起来,或拿起扫帚扫一扫,这时总会有学生过来说:"老师我来吧。"我说:"那能不能想个办法,让我们少辛苦或不辛苦呢?"后来,每当下课时,教室里便会响起"凳子归位,收拾书本,弯腰捡纸"的提醒声。教室里干净了,桌凳摆放也整齐了。

弯下腰来,倾听孩子的心声;弯下腰来,让爱的表达不再生硬;弯下腰来,身体力行示范引领,让教育悄悄发生。弯下腰来,是教育最美的风景!

给点"阳光"就"灿烂"

王玉峰

人们常说锦上添花易,雪中送炭难。教师爱品学兼优的学生易,爱后进的学生难。其实后进生更需要教师加倍的关心和爱护,讽刺挖苦只能给这些学生带来心理负担,容易使其产生对立情绪。

我曾经看过这样一个故事:一个在山中修行的老法师月夜里散步回来,碰上了一个小偷正从他的茅屋里往外走。他知道小偷在茅屋里找不到什么值钱的东西,便脱下身上的大衣披在惊魂未定的小偷身上,说:"你走老远的山路来探望我,总不能让你空手回去呀!"望着消失在夜色中的小偷的背影,老法师感慨地说:"可怜的人啊,但愿我能送一轮明月给你!"第二天早上,老法师睁开眼睛,便看见那件披在小偷身上的大衣叠得整整齐齐地放在门口。老法师高兴极了:"我终于送了他一轮明月!"

看了这个故事,我深深地被老法师独特的教育方法所折服。老法师他那超然的心境和博大的胸怀,使得小偷幡然悔悟,他这种独特的教育方法,远比大声训斥、当面指责、讽刺甚至挖苦高明多了。他的教育,尊重了人格,体现了教育的真谛。

著名数学家苏步青教授回忆说:"我小时候是个差等生,学习成绩在全班40名同学中总是倒数第一。各科比较起来,我的语文成绩较好,有一次我写的作文交给语文老师,他认为我是抄袭的并当场讽刺我,使我的自尊心受到很大伤害。在他上课的时候,我的眼神总是不愿和他对视。后来,换了一个王老师,他衣着俭朴,但很有学问,不歧视我,还鼓励我,他改变了我的人生道路。当我从日本留学回来时,第一个想见的便是王老师……"

苏老先生的亲身体验给我们教师提出了一个深层次的问题,那就是一个人在小学或中学时学业上、品德上的暂时后进,并不能注定日后会无所作为。

我班有一个调皮的男学生,刚入学时,几乎每天都要闹出点动静,轻则扯着嗓子号哭,重则拼命三郎似的和同学发生肢体冲突。后来我了解到,他父母离异,父亲和继母做生意,也没时间和耐心教育他,在幼儿园时就是有

名的"调皮大王"。升入一年级,他坐不住,在椅子上东摇西晃,几乎每天都会摔坐在地上。学习更是一塌糊涂,一碰到学习上的困难,就哭闹着不上学。我发现他虽然学习成绩差点,但是很聪明,特别是自尊心较强,所以我就特别地关注他,只要他稍微有点进步,比如,上课举手发言,扶起歪倒的凳子,我就轻轻摸摸他的脑袋,真诚地拥抱他,热情真诚地表扬他,并常常扮演妈妈的角色跟他闹着玩。半个学期过去了,他的性情发生了很大的变化,懂礼貌了,会交朋友了。他原来很抵触继母,我多次开导他,动之以情,晓之以理,他竟和继母成了好朋友。他个性强,我有意让他当合作学习小组的组长,培养他谦让合群的品德。期末,他语文、数学成绩平均98分,家长惊喜万分,多次向我表示感谢。后来,我一直关注他的成长。让我欣慰的是,孩子有了前进的动力,现在真正成了"阳光少年"。

教育的实践告诉我们,后进生的心灵创伤只能用心灵的温暖来医治,多给他们一些温暖,就会驱走他们心灵深处的寒冰,多给后进生一点爱护和关心,把爱融入他们的心田,他们就会感到教师真正地关心他(她),就会接受教师的教诲和劝告,产生追求进步的动机和动力。

第三部分 环境

从现象看真相,解结赋能助成长

晁秋实

每个班或多或少都有完不成作业的学生,某个学生偶尔就会出现不写作业的现象。这是老师们经常面临的问题。

我们往往认为学生完成作业是理所当然的事情,所以一听到谁没有完成作业就来气。尤其是有的学生屡教不改,更让老师们生气。为了解决这一问题,我们曾经采用分层布置作业的方法,企图通过降低作业难度、减少作业量,让某些孩子不再背负完不成作业的"恶名"。但是家长有意见了,有的说:"如果平常作业就有区别,那不是差得越来越差吗?"还有的说:"孩子回家就哭,说同学嘲笑他。作业那么简单,做完也不光彩。"这个难题到底该怎样解决呢?

心理学认为,问题本身不是问题,问题背后的原因才是真正的问题。那么,孩子不写作业的背后究竟有什么特殊的原因? 每个不完成作业的孩子到底有怎样独特的故事? 故事不同,作为教师的我们也应该采取不同的措施分别对待与处理。

我班有一个叫小琳的女孩整天愁眉不展,平时在校外周托,还能完成作业,可是双休日的作业总是完不成。我问她:"小琳,为什么没有写作业呢?"她说:"老师,我不知道作业是什么。"我更诧异了,周六周日的作业我总是双渠道发送——通过校信通和班级微信群发给家长,她怎么会不知道作业呢? 我带着这样的疑问问她,她说:"我周六周日有时候在姑姑家,有时候在婶婶家,她们都收不到作业。""你怎么不在自己家呢?""我妈妈在外面,爸爸忙,也不在家。""你可以给妈妈打电话问呀!""爸爸、姑姑都不让我给妈妈打电话。"

听到这里,我隐隐感觉问题不那么简单,于是就把她的姑姑叫到学校。这才了解到小琳的爸爸妈妈离婚了,这个女孩子判给了爸爸,后妈不让她跟爸爸一起生活。奶奶家里的人也不让妈妈与孩子通话,更不要说见面了。我对她姑姑说:"你们不让孩子和妈妈沟通,惩罚的不是她妈妈,而是孩子。你想,她妈妈是成年人,既然决定离婚,就做好了承受一切后果的心理准备;

而孩子是弱小的,今天跟这个生活,明天跟那个生活,她的心里多孤独、多无助啊!你们不让她跟妈妈说话,时间长了,孩子心里会憋出毛病的。到那个时候,你们都是搭了力气不落好。"听了我的话,她姑姑显得很不自在。我又说:"现在孩子还小,听你们的话。一旦上了初中、高中,如果有一个人对她好一点儿,她就敢跟人家走。你们还能管得了吗?"孩子的姑姑点点头。"你们一定要让孩子跟妈妈沟通,因为你们谁也代替不了她妈妈。每周至少一次让她和妈妈视频通话。"她姑姑爽快地答应了。过了一段时间,小琳过生日,妈妈买了一个大大的蛋糕送到教室里,和老师、同学一起给孩子过生日。从此孩子的脸上绽开了笑容,再也没有出现不完成作业的现象。看着小琳书写整洁漂亮的作业,我心里也乐开了花。

由此可见,小琳心里不是不想完成作业,而是不具备完成作业的条件。这个小生命承担的压力和痛苦如此之大是我们当老师的事先不曾想到的。所以,在教育教学过程中,不管学生做出多么离谱的事情,我们都要尊重他们,挖掘他们内心的秘密,破译他们的行为密码,才能更好地助力孩子成长!

教育要有温度

高素平

"听君一席话,胜读十年书。"每次聆听李校长的讲话,都有很多的感悟和收获。这次,我感受最深的就是"教育要有温度"这句话。

李校长说道:"教育要有温度,孩子不知道怎么做时,要告诉他,要示范给他。友善、期待、宁静和享受工作过程,是每个教师的基本素养。"的确,教师要使自己的教育有温度,需好好修炼自己:使自己往那儿一站就是教育。

一个八九岁的孩子,期望听到老师和蔼可亲地讲,渴望看到老师潇潇洒洒地写,盼望老师轻声细语地告诉他做人的道理,可我们的老师也包括我自己,都做了些什么呢?我们及时给予孩子帮助了吗?如果一个孩子的家庭作业一次没有写,我们就狠狠地批评一顿,第二天,这个孩子的家庭作业又没有写,我们就又狠狠地批评一顿,连续几天都是这样,可我们并没有问清事实,只是劈头盖脸地批评。直到后来才知道这个孩子的父母闹离婚,妈妈走了,爸爸也不知去向。试想:一个八九岁的孩子又不认识太多的字,也没有人管他,他怎么完成家庭作业呢?可我们作为孩子的班主任——孩子此时认为最亲的人,并没有及时给孩子提供温暖和帮助,而是不问青红皂白地批评他,孩子幼小的心灵承受了多大的痛苦啊!再想想我们自己的做法,真的是无地自容。

老师是学生的镜子,学生是老师的影子。学生年龄小,模仿能力很强,老师的一言一行、一举一动,对学生都有直接影响。身体力行,为人师表,是老师做好工作的基础。

我和学生一起值日时,学生就干得很好。桌椅怎样放、板擦、笤帚怎样摆,我都做出示范。学生看我和他们一起值日,个个争先恐后,并照着我的示范,把东西放得有条有理。地上的碎纸我捡起来,就算是削铅笔的木屑也一点一点地捏起来。学生看到这情景,便不再随便扔纸,再者发现了也会不声不响地捡起来。他们还自备小纸盒将削下的铅笔屑装进去。一开始,如果我没有和学生一起打扫卫生,学生打扫卫生可能就不会好,如果我看到一片废纸没有及时捡起来,学生可能也想不起来去捡。

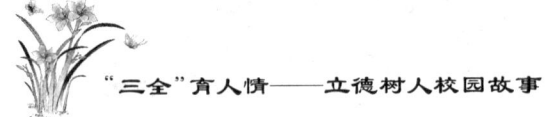

教生字时,每个字的笔画、笔顺、间架结构,如果老师总是一笔一画认真书写,具体指导,严格要求,平时在黑板上板书、批改作业也都一丝不苟,相信学生经过长期的训练、培养,也会养成认真写字的习惯。

如果老师每天第一个到教室,打开门,迎接学生,然后收作业、早读,相信班里的孩子也会早早到校,静静读书。

教师要使自己的教育有温度,的确需要下大功夫好好地从各个方面修炼自己!

做好后勤保障　用心服务师生

宁凤玲

有人说,后勤人是萧何——兵马未动,粮草先行。也有人说,后勤是阳光,后勤是空气,师生们的日常生活离不开后勤。做后勤工作二十三年如一日的我,深刻理解这些话的含义。我始终树立"三服务、两育人"的意识,从"做人、正己"开始,以管理和服务来育人,让师生在求知路上感受温暖。

记得有一次,一个小男孩来领粉笔,我注意到他说话的声音很小,以至于我靠他很近才能听清楚,后来我通过他班主任了解到,家庭原因,他的脾气有点怪,并且与同学之间也不大沟通,可是我感觉他那双忽闪着的大眼睛分明告诉我,他是一个渴望交流、有爱心的孩子。于是,我内心萌发了一个想法,我要帮助他,让他成为一个快乐的孩子。每天节能检查的时候,我总是特意走到他们班级、他的身边,给他一个拥抱,或者把他拉到一边,给他讲个笑话……慢慢地,他接受了我,在校园里碰见我的时候,总会主动与我打招呼,脸上也渐渐有了笑容。他的班主任老师也向我反映,这个男孩的性格变了许多,越来越开朗了,在班级里也能听到他的笑声、看到他与同学嬉戏的身影了。我听了之后,倍感欣慰,我深深懂得了,教育是爱的事业,教师的爱不同于一般的爱,它高于母爱、大于友爱、胜于情爱。

在工作中我了解到一线老师教务繁忙,于是我总是把一切工作做在前面,比如开学前会统一发放办公用品,我会加班加点提前按照年级组人数进行清点,并标上标签,方便老师领取。在日常工作中,为方便一线老师,如果有老师需要哪些物品,我会主动送至年级组办公室。

令人欣慰的是,我的努力没有白费,大家对我的工作多了一些肯定、一些表扬。这些理解、支持与鼓励更焕发了我的活力,也激发了我继续前行的动力。

回首看看自己走过的路,我感到欣慰和骄傲。在今后的工作中,我会一如既往地全身心投入,前行的脚步依旧会铿锵有力!

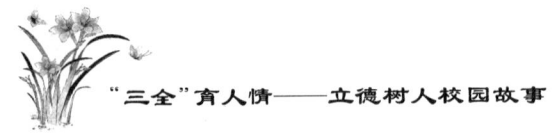

做有爱、有为、有心的老师

李建方

有人说,教师是平凡的,是寂寞的。这是有道理的,因为教师意味着奉献,意味着甘为人梯。也有人说,教师是高尚的,幸福的。这也是有道理的,因为教师有知识,有涵养,有操守,最重要的是,教师有爱。

苏联教育家赞可夫说过:"当教师必不可少的,甚至几乎是最主要的品质,就是热爱儿童。"一位教师曾经说过:"如果没有爱,教育在开始的时候,就已经结束了,没有爱就没有教育,爱是教育的灵魂。"关爱学生,它是师德修养的理想境界,是教书育人的前提和起点。教师对学生的爱,与一般的人与人之间的爱有所不同,它并非来源于血缘关系,而是来源于教师对教育事业的深刻理解和高度责任感,来源于教师对教育对象的满腔热情和无限希望。"爱自己的孩子是人,爱别人的孩子是神",这句话生动刻画了教师这个职业的神圣意义。教师对学生的爱,是学生成长的力量之源,是激发学生向上的动力,是促进学生形成良好品行的重要因素。热爱学生是教师所特有的一种职业情感,也是教师应具备的道德品质。

教师只有爱就够了吗?还不行,还要有为。"有爱"代表着老师拥有高尚的师德,"有为"则代表着道德的传承,代表着能为孩子们良好道德情感的进步保驾护航。安徽蒙城学生围殴老师的事件让我们痛心疾首,但我们能就此认定这些孩子缺乏关爱吗?不能!能就此否定老师的师德吗?不能!能就此否定老师和家长在道德教育和传承上的努力吗?不能!就教育而言,教师只是道德的载体,是道德传承的先决条件,但教师拥有高尚的师德绝不是教育的目的,让学生在教学活动中受到爱的感染,道德情感上获得进步和提高,才是教育的初衷。

优秀的教师应时时刻刻都想着把爱转化为实际行动。在生活上,当学生处于困境时,教师应及时伸出援助之手,一句热情中肯的评语、一次诚心的交谈、一个会心的微笑往往能够起到意想不到的效果;在学习上,教师应该成为学生学习道路上的导师和楷模,善于用自己的言行,点燃学生智慧的火花,把教学过程转化为师生之间思想、情感、兴趣、爱好等心理活动双向交

流的过程;在心理上,教师应给予学生平等而温暖细致的关怀,使学生得到情绪上的满足,这是学生成长中非常重要的精神力量。同时,教师应敢于严格要求学生,善于耐心引导学生,这也是对学生关爱的体现。

在我刚担任班主任时,有一个问题一直困扰着我:我要有为,能为班级做些什么?作为班主任,我不能为其他老师的教学提供帮助,也不能为孩子的所有文化学习排难解惑,但我能为教学和学习创设更好的环境,能让孩子的性格和品行有更好的发展,我想,这就是我对这群孩子的爱的表达。于是,为了让学生热爱班级,我不断创编趣味活动;为了让学生有规矩意识和纪律观念,我认真开好每一节队课,制定班规班纪,处理好每一件小事故;为了让学生明白更多道理,我在午后开展故事会,为此我曾搜集过很多的德育小故事;为了锻炼学生的责任感和劳动习惯,我多次婉拒家长的帮忙,陪伴值日生一起劳动。每次任课老师课后对我说"咱班的同学真懂事"时,我都觉得自豪无比,因为我的努力在孩子们身上得到了映射!用心浇灌花朵固然辛劳,静观鲜花盛开又是何等幸福!

教育孩子除了有为,还要有心。"有为"代表着爱的态度,"有心"则代表着爱的能力。如果说"有为"是动力的话,"有心"就是方向。方向不对,即使动力十足,也不能达到教育的效果,甚至可能事与愿违。

有一次,一位老师在我的办公桌旁为一名后进生进行辅导,当这名同学被留下做补充作业时,她额外做了两件事:一是把我的乒乓球拍上面的两面胶皮全都撕了下来,二是拿走了我的五毛钱。这让我有些生气,试图和家长沟通,想向其告知这两件事,并希望家长配合教育。但我经过反复思量,决定只告诉家长一件事,就是那五毛钱的事。因为我意识到,教师除了保证学习成绩,还要保证孩子的品行在正确的方向上发展。为了达到更好的教育效果,两者取其重,尽管我的球拍一面胶皮就值九十元,但和拿走五毛钱相比,前者属无心之失,后者更加严重。在这件事情的教育中,我相信,这也是我对孩子的爱,我用心了!

教育无小节,处处皆育人。一位优秀的教师,不光有爱,还要有为,更要有心。教师拥有高尚的道德是应该的,但这绝对不是我们努力的终点,我们需要继续用心,有所作为,为孩子道德情感的提高保驾护航!

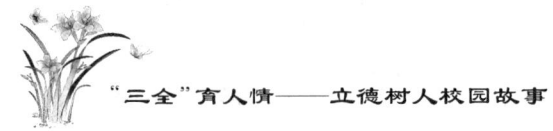

培养宪法意识，从小学生开始抓起

董淑华

2014年11月1日，十二届全国人大常委会第十一次会议表决，将12月4日设立为国家宪法日。宪法日的设立，目的是让每个公民建立法治信仰，遇事找法，解决问题用法。培养学生从小树立法治观念，养成自觉守法、遇事找法、解决问题靠法的思维习惯和行为方式非常重要。

作为一名德育工作者，我对校园欺凌事件，对成年人的犯罪都比较关注。之前头脑中一直有些模糊不清的概念，现在终于明朗化。这些事件中的各方，包括走上犯罪道路的成年人，他们不仅仅是所谓的法盲，其实还因为他们都没有法治思维的习惯。这些人从小可能就没有对错的概念，什么事是应该做的，什么事是不应该做的，他们根本就没有思考。所以培养宪法意识，从小学生开始抓起非常重要。

我的现任班级有一名学生小鸣，不管是课堂上，还是课间，都比较随意。经常违反学校纪律，跟同学发生冲突，属于屡教不改型。我原来一直认为这是因为男孩子调皮，活泼好动，等长大一些，自制力强了会好一些。但事实并不是这样。一节语文课上，我发现张鸣没听课，而是在下面玩东西，我拿过来一看，是一支很精致的自动铅笔。处理这件事时，学生说是小鸣偷小浠的。还有学生告诉我说，小鸣喜欢谁的东西，就去偷过来，偷不过来就抢。还有学生给我演示着小鸣怎样从别的同学手里抢东西的情景，我意识到事情的严重性。这个孩子属于典型的不守纪律，不受约束，无视规则。这样发展下去，这个孩子就不仅仅是成才不成才的问题了，能不能"成人"还是问题。

我想，这个孩子是处在一个什么样的家庭环境中，才会有这样的行为习惯呢？我通知了他的家长，他的妈妈来了。我把她叫到办公室外面，把孩子的种种表现告诉她，我说："孩子可以说真是有些无法无天。你给我说实话，你们家的家庭氛围、家庭环境到底是什么情况？有没有问题？"我这么一问，他妈妈哭了。原来这个孩子的父亲因为袭警，目前还在监狱里面。在这之前，他也经常惹事，而且家暴严重。夫妻两人经常打架，一直在闹离婚。小

鸣的妈妈说,她也是觉得孩子在家整天被吓得不得了,所以对孩子有一种补偿心理,才特别娇惯。

我明白了这个孩子的父亲在孩子的成长过程中给孩子造成了多么恶劣的影响,不稳定的家庭环境让孩子没有安全感。再加上孩子的妈妈纵容、娇惯,这个孩子就是典型的没有得到正确的引导,无视纪律、无视规则,没有一点法治概念。我郑重地告诉小鸣的妈妈:"孩子的爸爸是这种性格,这种无视法律的行为方式,肯定对孩子已经产生了种种不利的影响。你更应该特别警觉,对孩子的教育,不仅仅要引导,还要纠偏。你要比别的家长更加关注孩子的成长,更加用心才行。坚决不能再娇惯、纵容,不要让这个孩子再步了他爸爸的后尘。"

小鸣的妈妈这才意识到事情的严重性。她又哭了起来,对我说:"董老师你说怎么办吧?我该怎么做?我听你的。"我告诉她,这个孩子需要纠偏,要从小事入手,一点一点地来。比如过马路的时候要走斑马线,坚决不能闯红灯;吃饭的时候让老人先吃;坐公交车先下后上;在公共场合保持安静,不大声喧哗;影响到别人要及时道歉;等等,我还推荐她看《小公民自育手册》,里面的八项内容对孩子的素养要求非常具体,对照孩子的生活,规范孩子的言行,慢慢地让孩子改变。他妈妈说:"我一定按照老师的要求去做。"

希望孩子能够在家长的配合下,慢慢养成好习惯,提高公民素养,长大能成为一个对社会、对这个国家有用的人。

宪法日和"道德与法治"课程的设立,使我们从国家层面对育人有了明确的培养目标和培养方向。培养孩子的规则意识、守纪意识,使他们养成法治思维的习惯,对我们每一位德育工作者、每一位教师来说都是任重而道远。"路漫漫其修远兮,吾将上下而求索。"希望孩子们都能在我们对他们的道德教育与法制教育之下,成为合格的、优秀的国家公民。

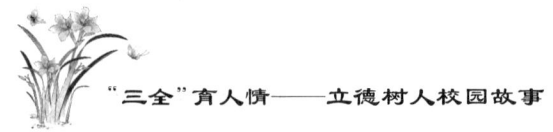

让书香溢满校园

崔凤霞

书籍是人类宝贵的财富,是走向未来的基石。我们濮阳市第二实验小学一直着眼于学生的终身发展,努力营造书香校园,培养学生广泛的阅读兴趣。通过好书共读、亲子共读、读书分享节、朗读比赛等多种活动的开展,让大家多读书、好读书、读好书,从书籍中得到心灵的慰籍,从书中寻找生活的榜样,从书籍中享受学习的乐趣。书籍为同学和老师们打开了一扇扇窗,开启了一道道门,丰富了他们的知识,开阔了他们的视野,活跃了他们的思维。

一、创设读书环境,营造读书氛围

(一)营造书香氛围

我校将读书活动与校园文化建设紧密结合起来,让浓郁的文化氛围充盈于校园的每个角落,让他们耳濡目染,受到校园精神的熏陶和激励,让学生书法与绘画的成就为学校增添书香气息,提升校园文化的品位,让学生从小受到艺术熏陶,力求让学校的每一面墙壁都会"说话",让学校的每一个角落都能闻到书香。

(二)明确阅读时间

在学生还没有养成课外阅读习惯之前,我们千方百计地挤出时间让孩子们有时间接触书籍,努力营造浓厚的阅读氛围,带动更多的孩子自觉投入阅读。

1.诵读。每天早读,我们带领学生大量阅读。可以读课文、背古诗、诵名句等。每个班级也可以有自己的特色诵读项目,比如我带的班级就会每天进行新闻播报,既锻炼孩子的口语表达能力,又能培养孩子收集、整理信息的能力。

2.默读。每天13:40为全体学生读读写写时间,学生完成写字后,自由选择班级图书角的图书进行阅读。高年级的孩子可以尝试边读书边积累。当然也可以有自己的特殊安排,我班每天中午都会安排好书推荐。这锻炼

了孩子的胆量、口语表达能力,让更多的好书走近更多的孩子,让孩子在不知不觉中喜欢上阅读。

3. 晚读。每晚一次的家庭阅读,低年级可以亲子共读,高年级可以进行读书积累、写读后感。每周五要进行表彰,让更多的孩子去坚持阅读。

(三)开展阅读活动

1. 低年级的亲子共读让阅读更有效,让阅读走进千家万户。高年级阅读专项课有针对地进行阅读与写作指导,让孩子的学习更有方向,成长更有动力。

2. 周末、国庆假期、寒假等期间,鼓励学生在家看学校推荐的书,写读书体会,开学初会评出书香家庭。

3. 学校定期组织学生开展有关的读书实践活动。校园读书分享节、诵读比赛、书法艺术节、"捐赠一本书,感念母校情"捐书活动等等。

二、教师率先示范,带头读书

教师要秉承"学高为师,身正为范"的原则,在全面学习、提高整体文化素养的基础上,重点学习教育名著、原著,通过学习教育经典理论,登高望远。同时,指导与反思自己的教育实践,激发教师的思维能力和对教育问题的批评性思考,努力转变思想观念、思维模式,进行教育创新。

1. 学校图书室每学期购买一批教育类书籍,丰富阅览室的藏书,全体教师每人每学期至少读完两本,并完成读书笔记,写出读书心得。

2. 老师们经常写一些教育教学随笔,对自己每天的教育、教学、理论学习、生活感悟、学生成长进行反思。

巴丹说:"阅读不能改变人生的长度,但可以改变人生的宽度。"是的,读书是值得用一辈子去做的事情,也是一件什么时候开始做都不晚的事情,你随时都可以启程。让我们漫步书林,徜徉书海,让书香在校园的每一个角落飘荡。

点亮生命之灯

王晓珊

文明,是一所学校最美的风景,是点亮学生的生命之灯。

学校开展文明校园创建活动以来,以立德树人为根本任务,以进一步深化中国梦和社会主义核心价值观为目标,深入开展"扣好人生第一粒扣子"主题教育实践活动,努力把我校建成培养全面发展的时代新人的坚强阵地。

文明教育的阵地,是多种多样的,在上学的路上,在热闹的课间,在严肃的课堂上,在和谐的校园里。校园环境建设是重要的育人方式之一,校园文化代表一个学校的育人理念,孕育着一股强劲的教育力量,校园环境便一马当先地成为校园文化中最基础的一部分。

一、优美环境——滋养师生心灵之灯

我们的校园环境优美,绿树环绕,花果飘香,四季常青,教学楼办公楼鳞次栉比,树木成荫,廊亭错落,优美、和谐、典雅的环境处处蕴含着育人功能,花草丛中的"责任田"教育学生要与自然和谐相处,热爱环境。那么整洁优美的校园环境要如何保持呢?

每天上班路过学校的花园,身心就会感到无比惬意。一天上班走在校园小花园的通道上,看见几个一年级的小同学边走边洒落许多的小纸片,我走过去弯腰捡纸片,孩子们见我在捡纸片,他们也赶紧蹲下把洒落的纸片一张一张地捡起来,捡完纸片,我俯身问他们:

"小朋友,你们看我们的校园美不美?"

"美。"

"是不是特别干净?"

"是。"

"那我们把这些小纸片丢弃在这里,我们的校园还美吗?"

他们立马低下了头,不好意思起来,我趁热打铁,继续说:"孩子们,校园是我们的家,我们要不要爱护好我们的家,让她干净整洁呢?你们能捡起纸片,知错就改,不再随意乱扔纸片,就是好孩子!"

孩子们连忙表示,以后不会乱扔东西了。低年级的孩子犹如一张白纸,日常学习生活中的点滴往往会被他们放大、模仿、学习,什么样的言行就能产生什么样的影响,言行的教育是潜移默化的,在孩子幼小的心灵里会产生巨大的影响,所以,我们要用行动点亮孩子的生命之灯。

二、文化环境——开启学生心智之灯

学校教学楼、办公楼分别命名思齐楼、博雅楼、求真楼、至善楼、敏行楼,以此激励师生积极进取,求真上进。楼体上面精心设计有标语,"让每一个生命幸福成长"的办学理念,"做全面发展的时代新人"的办学目标,还有"笑脸墙",为广大师生创设了一个和谐、宽松、亲切、愉悦的学习氛围。每条走廊抬眼望去,尽是令人振奋警醒的名人名言,感染、熏陶着每一位师生的心灵。

记得有一年九月份刚开学的时候,一年级的小学生刚刚入校,一个个眼神中充满了对学校的好奇和向往,课间休息,一个孩子入神地看着对面楼体墙上的字,拉我的胳膊问:"老师,这上面写的是什么啊?"我抬眼望去:"哦,那是我们学校每一个人的共同目标——'让每一个生命幸福成长',就是希望我们每一个人都快乐幸福,天天都开心地在学校里,学习、生活都进步!来上学了,你开心吗?""开心!""希望你每天都开开心心地学习,天天向上!"小朋友似懂非懂地点点头,开心地跑开了。相信每一位师生都能在此感悟生命智慧,开发生命潜能,提升生命幸福感,绽放生命光彩!

三、工作学习环境——提升师生奋进之灯

干净整洁的校园,浓郁的文化氛围,精心的设计布置,先进的教学设备,儒雅文明的办公环境,老师的早来晚走,孩子们的收声朗朗,让我深深地感受到大家对学校由衷的热爱,我们在这里奋斗、进取、奉献,在以"正气、大气、雅气"为引领的校园文化环境建设中,乘着全国首届文明校园创建的东风,我校成功创建首届全国文明校园、全国教育先进集体等国家级荣誉称号,这些成绩有效促进了我校师生思想水平、政治觉悟、道德品质和文化素养的不断提高,校园面貌焕然一新,校园文明创建展现出了强大的生命力。

我们将继续致力于校园环境建设,以身示范,不断创新,点亮广大师生的生命之灯。

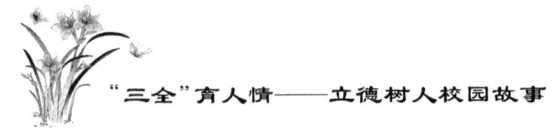

适度音量,友善交流
——引导学生课间音量控制之妙方

王红震

一年级刚入学的小学生天性活泼好动,下课铃声一响,就更加控制不住自己,大喊大叫、干扰左右。学校开展的"谦谦君子风,儒雅少年梦"活动,从教孩子学会使用"适度音量,友善交流"开始。规范学生的课间行为,我认为是非常有意义的。那么,如何让学生学会控制自己的音量,做一个儒雅少年呢?我们班是这样做的。

第一,利用班级文化墙,让墙壁来说话。看,这是我们教室门口的温馨提示牌,上面写有四个醒目的大字"低语交流"。我引导学生明白了这几个字的含义,并时时提醒他们在课间要保持安静,做到放低音量,不喧哗,不尖叫,不怪叫。

第二,利用队课进行教育。从音量等级、音量标准、适用场所这三个方面进行解读,每周进行常规教育,向学生反复强调低语交流的重要性。对于低年级学生来说,强化训练很重要。我帮助学生牢记要求,内化自己的行为,并落实到行动上。久而久之,学生慢慢地明白了,不同场合说话音量不同,用合适的音量与人交流是文明、有礼貌的表现。

第三,评价、监督紧跟上。在入学不久后,我以争做儒雅少年来激励学生,采用了小组加分、个人积分等方法,让学生做到课间低语交流。凡是低语交流这项达到要求的学生,可以获得一张真棒卡,同时获得一张小贴画,贴在班级文明之星一栏里。低语交流星章的获得,让学生体验到了争做文明学生的喜悦。

第四,班级课间文明监督员也发挥了一定的作用。为确保学生自主学会低语交流,我们班设置了文明监督员,热心的小监督员每天都要做好课间督导检查工作。我先让学生认识和了解了按音量标准交流的好处,这样他们就能自觉地接受监督。监督员也要培训上岗,做到文明检查。下课后,监督员会提醒学生课间游戏低语交流,督促人人做文明学生。

第五,针对特殊学生,实施个别化教育。我班有一个嗓门特别大的学生，他在情绪激动的时候常常大吼大叫，音量惊人，因为这个我曾多次跟他讨论，还跟他的妈妈谈过几次，我得知他在家里是老小，与姐姐闹情绪时就是这样虚张声势，歇斯底里地喊叫。后来我和他约定一起纠正大声喊叫的行为。一段时间以来，我每天会根据他在学校里的表现进行打分。当他课间表现得比较安静时，他会为小组赢得分数。这样一来，他连续几次得分，意识到了安静会让他更优秀、更受欢迎。

短短的几个月，经过老师的引领和帮助，可爱的一年级小学生快速地融入了小学生活。课间活动时，绝大多数学生都能做到低语交流；三五成群及小集体活动时，他们也有了低语交流的意识，这种安静、和谐、有序的氛围，使我感受到他们的文明素养在提升。

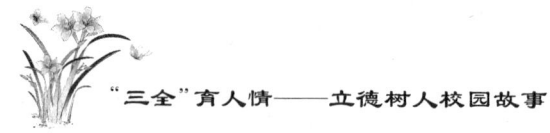

爱的力量

王 婷

"爱学生"是教师人格的灵魂,也是师德的核心。"爱"更是陶行知先生一生献身教育事业的不竭动力。而"爱满天下"又是陶行知先生终身奉行的格言,也是他崇高人格的表现。

爱,是我们教师心中永恒的主题,师爱无异于母爱,爱是世界上最动人的语言,教师对学生的爱,是一种把全部心灵和才智献给孩子的爱,这种爱是深沉的,它蕴含在我们为学生所做的一切事情中,使学生无时无刻不感受着这种爱的真诚。让他知道你对他的关注、你对他的关怀,都是发自内心的。学生们只有感受到老师的爱,才会有学习的动力,才会在生活中、在学习上一步一个脚印地坚实地前进。一个学生得到了微笑、鼓励、表扬,他的心里感受到了温暖、友善、得到了鼓舞,有了人生的美好追求,就会渐渐变成一个优秀的人。所以,让我们把关注的目光投到每一个学生身上,把爱的甘露浇到他们的心里,让他们成为一棵棵茁壮成长的小苗。

用爱教育,用心浇灌,才能开出成长的花。但是教师的爱也不是盲目的。爱是一门艺术,我们不仅要能爱,而且要善爱。"爱"要一视同仁。学生没有贫富贵贱之分,我们应该用一样的心去关爱他们。"爱"要以爱动其心,以严导其行。我们在学生身上倾注了爱心,但是我们对学生的要求也要非常严格,不能放过一点小错误,要及时进行教育,以促其不断进步,这才是善爱。作为班主任更应该以身作则,率先垂范。严格要求学生的同时首先要严格要求自己,我结合低年级的年龄特点和本班的具体情况,给同学们提出了明确的要求,并制定了互相监督的措施,每周还要进行总结、表彰。在这些日常工作中,我以身作则,要求学生做到的,自己一定做到。升旗过程中我严肃认真,声音洪亮地唱好国歌、校歌,同学们自然也就不会放松对自己的要求。看到教室地上有纸,我主动捡起来扔在纸篓里,久而久之,不等我弯腰,只要看到教室里有废弃物,同学们也会主动捡起来。行动是无声的语言,无声的语言往往能达到有声的要求无法比拟的效果。

动情的教育才能打动人心,打开心灵沟通的渠道,爱学生是教育获得成

功的基础,要使学生懂得主动给予爱,教师就首先要善于发现、利用、创设良机,做学生的知心朋友。

付出爱的过程是甜美的,付出爱的道路却是艰辛的。作为老师,我们曾为学生不学习而大动肝火,曾为做通学生的思想工作而绞尽脑汁,曾为学生的不理解而心酸流泪。但是当看到学生们体会到老师的苦心奋起直追、成绩进步时;当生病时看到学生关切的目光、听到他们亲切的问候时;当听到他们骄傲地谈起"我们王老师……"时;当经过自己和同学们努力,班级取得成绩时,一种感动和自豪就会油然而生,原来付出就有收获,爱的付出就有爱的回报。

我想,虽然我的工作做得并不是最优秀的,虽然可能我的事业永远也不能够轰轰烈烈、惊天动地,但我的工作充满着希望,决定着未来。我相信只要有心有爱,教育者就能把各种散乱的珍珠串成美丽的项链,只有这样,教育生命的过程中才会绽放出朵朵"爱之花"!

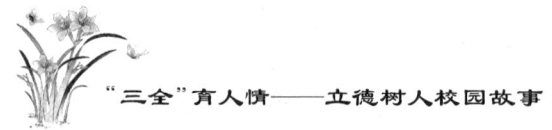

悉心呵护　等待成长

郭亚茹

有人说过这样的一句话:"老师不经意的一句话,可能会创造一个奇迹;老师不经意的一个眼神,也许会扼杀一个人才。"作为老师,我们每天面对着一张张稚嫩可爱的面孔、一个个天真无邪的心灵,我们要用宽容的态度和期待的心理面对这一张张充满朝气的脸庞,去认真细心观察每一个孩子,发现他们身上的闪光点,这样我们一定会有特别的收获和别样的快乐。

新学期,我又接了一个新的班级,出于对孩子的不了解,我多是用带有好奇与探究的目光去观察孩子的性格特点,想知道每一幅不一样的面孔下,藏着怎样可爱的小心思,躲着怎样有趣的灵魂。于是我观察到这样一个孩子,他上课时看起来很积极,灵动的小眼睛会随着我的粉笔移动,会随着我的翻页笔移动,会随着我走动的身体移动,在我目光与他的目光交汇的时候我能够感受到他的专注,好像整节课他都在跟着老师讲解的思路认真思考,让人十分喜爱。但是,时间久了,我发现提问他问题的时候,他经常性地回答不上来。再细心观察他一段时间之后,我有了新发现。虽然每次他的目光都随我而动,但是每一个小小的动作似乎都在告诉我他并没有在认真思考。有时候他的手在毫无知觉地摸拉链,有时候在无意识地咬铅笔,有时候一条腿支撑着地,另一条腿跪在凳子上。但是他的反应很快,每一次我讲课时停下来,去看一看是不是有学生说话、有孩子走神的时候,他就显示出他的机灵与敏感,第一个抱臂坐直等待我的安排。在课堂习题练习的时候,如果是板书在黑板上的题,你总能够看到他练习本上工整又正确的书写。但如果是让孩子们自己思考尝试书写的题,他的答题正确率又不尽如人意。如此一个看似机灵,其实课堂上并没有认真听讲与思考的孩子,成绩可想而知。通过长时间的了解,以及和一直在带这个班的搭档交流,我才知道,这个孩子的成绩常年垫底,他考多少,就意味着班级的最低分是多少。

看似想要努力,却一直控制不住自己的行为,这样一个孩子,多数和孩子学习知识的方法、习惯有关,而习惯离不开家长的监督与培养,和家长沟通是必然的途径。经过了解发现,原来这个孩子还有一个弟弟,年纪较小,

孩子妈妈多数精力都放在了弟弟身上,同时,孩子的家长有一个错误的认知:要给孩子一个快乐的童年,所以并不想给孩子太多学习上的压力,孩子快乐、自信、开朗最重要。学习能力的缺失已经让孩子不再自信,每次举起又放下的手代表着孩子对自己的怀疑。所以,给孩子快乐的童年,是在帮助孩子完成基本的课业之外,再给孩子体验他好奇的世界的机会,而不是什么计划都没有地在发呆与疯跑中让时间流逝。与家长交流之后,孩子家长对孩子的关心更多了,每天都会和孩子聊天,问一问今天学习了什么内容,学会了没有,今天的校园生活是否开心。帮助孩子查漏补缺,补习课堂上没有掌握的知识,作业的书写质量一直在提高。而课堂上孩子也在改变,孩子虽然犹豫,但不再放下小手,课堂练习的效率也正在提高。课堂上我们多次举办了最基础的计算比赛,我与孩子们都知道,只要他们认真和细心,就能取得不错的成绩。而当他第一次拿到计算比赛喜报的时候,他专门绕到我身边,悄悄对我说:"老师,这是我第一次拿到喜报。"听到这句话,我心里有一些对孩子的心疼,一点小小的辛酸,但更多的是喜悦和欣慰。我的认真观察与耐心等待,呵护了一朵娇嫩却美好的花。

教育无小事,生活处处皆教育。只要认真观察孩子,多与学生交流,把心贴近孩子,体验孩子的感受,思孩子所思,想孩子所想,我和孩子们就会走得更近,更有默契,这也会让我收获更多的快乐。

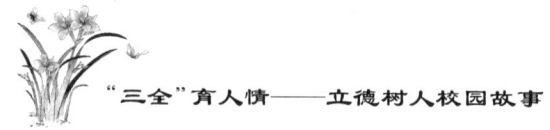

陪伴成长——班级文化建设

李楠楠

班级文化建设作为一种环境教育力量,对于学生的健康成长有着巨大的影响。良好的班级文化建设可以在班级氛围中陶冶学生的情操,构建学生健全的人格,全面提高学生的素质。

一、共同的目标——我们的班徽、班歌

最先接到一个班级之初,我会让孩子们首先回家跟爸爸妈妈共同设计班徽,挑选班歌,第二天带到班里我们共同商讨、修改,最后得出了我们的班徽、班歌。这是家长的期待,孩子们的目标,老师的心愿。这样的共同参与,能使我们的班级更加充满凝聚力,让劲儿往一处使。

二、班级制度上墙——我们的班规、班纪

为了培养孩子们的自主意识,我首先给孩子们制定了一条自主管理的轨道,让他们知道自己要做什么、该怎么去做。我带领孩子们共同制定班规和班级监督评比制度。同时,随着上课问题的不断暴露,我抓住契机向学生提问:"同学们,我们在班里、在学校里哪些应该做,哪些不应该做?"并让学生自主回答,在学生回答的同时,一条一条地板书到黑板上,告诉学生们,这些就作为我们的班规参考,并让学生把自己认为重要的抄写在自己的小本上,回到家做成自己喜欢的样子,第二天带到班里,我们一起钉在墙上,这样就形成了我们的班规。我们每周还会讨论出本周发生的问题,制定新的班规补充进去。班规制定之后紧接着就是执行与落实的问题。我抓住学生都想去管管别人的小心思,实行班长与值日班长、值周班长并行的制度,班级管理人人有责,让每个学生都参与进来,并且责任制度上墙,起到监督作用,使得班级管理以学生为主、班主任为辅,我就做个辅助提醒及评价者。

三、班级风采展示——我们共同的仰望

我们班的墙面都留给榜样们,作业榜样、兴趣爱好榜样等,充分利用孩

子们想表现、爱表现的心理特点。我们的墙面被孩子们的绘画作品、手工作品贴了满墙。看到有人带来了一幅兰花图,就会有人告诉我:"老师,我回家再画一幅竹,明天带来。"看到别人的字体漂亮被贴在墙上就会告诉我:"老师,我回家再写一次。"这样的表现欲、竞争意识不仅体现在墙面展示上,班级物品整理也是如此。一次一位同学整理物品摆放整齐被表扬,之后同学们纷纷效仿,每次都是整整齐齐,偶尔还来一些小创意。榜样的力量不仅会激发一种竞争意识,也是在无形中告诉不懂得该怎么做的孩子,怎么做会更好。

四、班级活动——我们大家的舞台

班级文化建设还展现在我们的各种活动之中。在中秋节茶话会中,同学们奇思妙想,开展"月饼分享会"共度中秋;运动会上团结协作,呐喊声、鼓励声、慰问声、声声入耳;合唱比赛时一条条的锦囊妙计,使得歌声阵阵、传递出他们的积极昂扬,琴声悠悠、展现出他们的才艺精湛;故事分享时你一段三国,我一篇小诗;阅读活动中从被动阅读到主动阅读,再到读有所思,读有所悟;课间活动时你挥汗如雨地奔跑在操场,我津津有味地书海翱翔;周一轮值升国旗时,国旗下读书故事的分享、小话剧的表演得到了全校师生的赞赏。

五、班级文化建设——陪伴我们一路前行

当我早读进班看到课代表自主地站在讲台领读时,当我进班看到班长组织大家静息等待时,当我看到路队长自己创设奖励机制、奖励最快最好站路队的学生举班牌时,我感受到了他们的自知自信,感受到了良好的班级文化建设对学生教育的成效,以及对学习动机的积极影响。良好的班级文化建设,与学生一路相伴,一起成长。

良好环境促成长

姬聪慧

环境育人与品格育人相辅相成,相互促进,并保持一贯性。也就是说,要培养学生什么样的品格,就需要营造相应品格形成必须具备的环境;只有营造了特定的品格形成所必备的环境,才能培育出相应的品格。

环境对人的影响是不言而喻的。举例来说,一个人,生活在一个干净整洁的环境当中,自然就会养成一种"爱干净"的习惯和品质。因为他生长在这个环境之中,适应环境的同时,也就自然而然地适应了环境中"干净整洁"的这种属性。如果有一天,环境突然变得不干净、不整洁了,他就会感觉不适应。正因这种"不适应",他就会想办法,努力去使之干净。

我们班有一个男孩,长得非常可爱,说话细声慢语的。这个孩子的年龄差不多小同班同学1岁,并且特别内向。对学习不是很上心,每次上课集中精力听课的时间都不能超过十分钟,经常有老师跟我反映他上课不听课,也经常有值周老师跟我反映,班级有学生总在走廊跑跳、不戴红领巾……往往这些事情都有他。

说实话,这样一个孩子无论是在班级的评比上还是考试成绩上,都拖了班级的后腿。但是我觉得作为一名教师,如果我们指责他、埋怨他、推开他,那我想他和其他孩子的差距肯定会越拉越大,以至于越来越自卑,甚至有可能导致心理上的不健康。如果导致这样的结果,那么作为孩子的老师,肯定不是合格的教师。于是我和家长及时沟通、交流,也向一些经验丰富的同事请教。最终,我们都认为当务之急是为孩子创造一个良好的学习环境和生活环境,让孩子喜欢上学习。所以我决定先让孩子喜欢上我,把我当成好朋友。我想,只要喜欢上我,他就一定会喜欢上我的课,慢慢地喜欢上学习。平时下课找一些他喜欢的话题聊天,对于他一些不好的习惯,我经常都不吝啬鼓励的话语。比如说常挂在嘴边的:"你再努力一些,你一定是最棒的!""老师相信你一定能行。"慢慢地,他开始喜欢我了,有时下课找我聊天、谈心,也能按照老师的要求去做了。上课有时也能看见他主动举手发言。渐渐地,我发现他有些喜欢学习了,每次对于他的一点点进步,我都会及时鼓

励,让他变得越来越自信。学习上不再像从前那样老师、家长看着,这几次考试都能到 80 分以上。最重要的是他开朗多了,自信多了,并且知道上进了。

我想,教师要真正做学生的良师益友,善解人意,除了献给他们一片爱心外,还要替他们排忧解难,为他们创造良好的人文环境,送去人文关怀。学困生之所以学习进步迟缓,原因固然很多,但我觉得他们最大的心理障碍莫过于因基础差,在别人面前抬不起头而丧失学习信心。然而学生是未成熟的,是发展中的,是有差别的,是需要呵护的人,他们渴望教师真爱的滋润,他们渴望在一个充满关怀的环境中实现自身的价值。

因此,在学校的教育教学工作中,我们应该时刻注意到"环境育人"和"品格育人"的紧密关系和重要意义。这不仅关系着学生的成长,也关系着教师的成长,更关系着学校的成长和社会的成长。

用双手创造美

郭海霞

说起创造,就不得不说劳动,因为劳动创造美!

劳动教育是小学教育不可缺少的重要组成部分,是全面贯彻落实教育方针,实施素质教育、提高学生总体素质的基本途径。劳动教育具有很强的育人价值与功能,如以劳树德、以劳增智、以劳强体、以劳益美和以劳创新等。总之,劳动促进学生全面发展。

教室是学生学习的最重要的场所,环境卫生的好坏直接影响到老师和同学们的心情,进而影响到我们的学习和生活。同时教室卫生也是班级文明程度的重要标志,是一个班级对外形象好坏的直接影响因素。文明的习惯、高尚的情操,离不开平时一点一滴的积累,以爱护环境为己任、自觉维护班级清洁为习惯,和同学们一起创造一个美丽和谐的、干净整洁的班级,是我的目标。

就学校劳动教育来说,已变成我班评选卫生之星和学期末"三好学生"的重要依据。我的具体做法就是:学会技能,承包岗位,规定时间,认真打扫,检查评比,表彰优秀。

疫情期间,借助我校"两承包一体验"活动的开展,我积极制订计划。首先我提前告知学生班级卫生打扫的各个岗位,自己选定其中一项或两项,请家长依据打扫的方法和标准教会孩子,并在家好好练习;学会后,再上报自己想承包的岗位。我做一个总的统筹和协调,制作了班级卫生打扫值日表。开学伊始就通知学生查看自己的承包岗位,了解自己的值日职责。同时,我指导所有的组长结合值日表,了解每一位组员的岗位和职责,在第一次打扫卫生之前,先带领组员再次明确自己的岗位和职责,这样,就能保证学生值日时有事可做,不再随意嬉戏打闹。为了保证放学后快速有效地打扫卫生,我要求每周的值日在放学后的20分钟内完成,根据自己承包的劳动岗位,完成打扫任务。第二天劳动委员到班后,对前一天卫生打扫的情况进行检查打分,每位成员打扫得都合格过关,则每人得一分,并得一个奖励贴,组长得两个奖励贴;如果本组成员中有一位同学打扫不过关,组长的奖励贴就变为一个。所以在这样的奖励机制下,不管是成员还是组长,都非常重视打扫卫生这项工作。

爱我班级,从我做起。维护教室环境卫生,创建文明学习环境,关键是人人爱劳动,人人会劳动。

离开劳动,不可能有真正的教育。劳动创造了人本身,也将丰富我们的教育。教育的本质是培养人,是创造有价值的活动,只有劳动与教育相结合才能培育出全面发展的人。所以,在教育之门上有一把密码锁,密码的内容就是"劳动"。

我的育人阵地

杨亚娟

给孩子涂涂红药水、贴贴创可贴，在大家的印象里，校医就是这样一群平凡而普通的人。其实，他们的工作远不止于此。学校传染病防控与管理、突发公共卫生事件应急处理、健康教育、教学环境卫生，以及学生心理健康、体质健康监测、常见病防治还有疫情防控等工作都离不开他们。

在我眼里，校医这份工作，首先代表一份责任。我从事校医这份工作已经20年了，在我看来，校医工作几乎都伴随着量体温、包扎、送医、清洗染脏的衣物等琐碎而平凡的小事。

"哪怕再小的事，我也毫不含糊，我知道有无数信赖而期待的目光正投向我！"

孩子们的期待在，责任不会缺席，爱也不会缺席。5月的一天上午，刚刚打了下课铃，学生都放学回家了。突然电话响起，原来是一名学生的手受了伤，我匆匆赶到学生身边。学生左手指错位，要立刻采取急救措施固定包扎，学生家长还在外地，无法赶到，学生一脸焦急和痛苦，问："老师，怎么办，我的手会不会骨折要做手术，会不会残疾啊?！"我面带微笑，不住地安抚："不要害怕，你这应该是错位了，不会影响骨头，我会一直陪着你。"原本焦虑的学生听了，慢慢放松下来，有我陪在身边，他知道没什么害怕的。我又陪学生前往人民医院，挂号、拍片、缴费、拿药，给学生垫付医疗费用，学生和家长感动地说："老师，太谢谢您了！"我对学生说："你不用感谢我，好好学习就是对老师的付出最大的回报了！以后一定要注意安全，危险的动作不去做，对自己的身体负责！"这件事情发生后，我在孩子所在的班级上了一节校园安全教育课，让孩子们引以为戒。

在守护校园内孩子们身体健康的同时，我还关注孩子们的心理健康，以学校心理研究中心辅导员的身份，面向孩子开展心理疏导，让阳光"照"进他们的心里，陪伴他们健康成长。

五年级女生陈爽的父母不在身边，长期寄宿在亲戚家，而她是一名班干部，一直以来自我要求比较高。2019年下半年，在一次班级活动中，由于出现了小疏忽,导致活动不够完美,陈爽十分自责,甚至产生了严重的心理负担。有一天,陈爽突然出现四肢抽搐倒地的情况。

同学们随即将陈爽送到校医务室。我检查后发现,陈爽是由于缺乏安全感,长期心理压抑导致的。我安排其他同学回教室上课,自己留下来照顾陈爽。

面对老师,陈爽依然在压抑着自己,不肯说话。我拉着孩子,将她抱住,轻声地与她交流,用自己的手包裹住孩子冰冷的手,同时耐心宽慰她。在我的抚慰下,陈爽突然大哭起来,说出了自己的困惑,以及想尽力做好却出现差错被同学误解的抑郁。我像母亲一样耐心地安慰她、鼓励她,最终帮助孩子克服了心理障碍。

学校卫生工作是学校工作的重要组成部分。作为校医,我觉得肩上担子很重,我需要付出更多的努力,践行服务育人的理念,为孩子们的健康成长保驾护航。

爱,让我走进孩子的心灵

柴俊霞

人们常说:"近朱者赤,近墨者黑。"孟母择邻而居,三迁其所。古语又云:"蓬生麻中,不扶而直。"无不在说明环境对孩子教育成长的重要影响。虽说家长是孩子的第一任老师,是孩子永远的榜样,但一名教师,在孩子成长之路上所起的作用也是无法估量的。家长可以为孩子的学习成长创造良好的家庭环境,但孩子在校园内的教育环境需要老师去创造。而老师要想很好地引导孩子向善、向良好的道路上发展,不仅需要创造良好的环境,还要想尽方法走进孩子的心灵。我认为走进孩子心灵的钥匙就是爱。

我曾教过一位名叫王鹏的学生,他的家庭条件非常好,这使他逐渐养成了"纨绔子弟"的不良习惯,成绩一塌糊涂。对于他,刚开始我也很头痛。他上课根本不听讲,老师在讲台上讲课,他在下面说话,刚开始声音还小点,后来声音越来越大,有时还带动他周围的一大片同学,一副旁若无人的样子。更可气的是,他对老师的提示充耳不闻,我说我的,他说他的。有一次我真的是忍无可忍,狠狠地批评了他一顿。谁知,这下更糟了,等我下次上课的时候,他比前一次更厉害。我气得血往上涌,真想放弃他。可仔细一想,不行呀,作为一名教师,我有责任,也有义务去教导好每一位学生,让他们健康成长,将来做一个对社会有用的人。

于是,我静下心来,慢慢观察他。通过观察,我发现王鹏身上还是有优点的,就他那颗聪明灵活的脑袋就不得不让许多人折服。比如,有一次上体育课,老师让大家做三人两足跳的游戏,他们组大获全胜,最后一问才知道,他是最大的功臣。原来,每次轮到他们组的时候,他都在小声地喊口令。我又向其他同学了解他不爱上课的原因。原来,他以前的老师嫌他是个"调皮鬼",总是批评他,伤了他的自尊心,让他觉得很没面子。他就对所有老师都产生了敌视心理。

了解这些情况后,我就给予他更多的关爱,再也不当众批评他了。生活中,也常常与他们在一起玩。过了一段时间后,我发现他敌视的目光变温和了,也愿意与我为伴,上课时讲话的声音也小了,这令我很欣慰。每天我都

找时机发现他的进步并当着全班同学的面夸奖他,这让他小小的心得到了极大的满足,从此也变得更热爱学习了。

有了王鹏这件事,在之后的工作中面对那些学习上、生活上有困难的学生,我开始学着让自己冷静下来,寻找原因,给予他们更多的关爱,让自己像春雨那样,"随风潜入夜,润物细无声",悄悄浸润学生的心田,让他们走上积极的、正常的轨道。

一份春华、一份秋实,爱,让我走进孩子的心灵!我愿把一生教育的心愿化为热爱学生的一团火,将自己最珍贵的爱奉献给孩子们,相信今日含苞欲放的花蕾,明日一定能绽放绚丽的花朵。

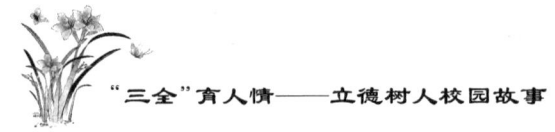

有规矩成方圆

郭亚茹

众所周知,"绝不能落下一个孩子"一直是教育界灯塔一般的存在,就像人们在公共场所看到的"人人平等"一样,听上去甚是感人。尽管没有一个老师会希望落下一个孩子,但受时间所囿、经历所限,一些孩子确实会掉队。这些被落下的孩子起因并不是因为知识点太难、智商不够,而是缺乏积极向上的动力,原因很多,多可归结为入学前的家庭教育、习惯等等。如果能够站在一个孩子的角度,体会一下他每天的经历,也许,就不难理解他现在的所作所为以及缺乏动力的缘由了。所以,让学生明白自己要负起的责任以及怎样的行为会导致怎样的结果,也许会对他的言行有所触动及改变。

"规矩"是尺,有所衡量才能在学生心中产生界限,所以孩子们懂规矩、知分寸,课堂管理就相对容易很多,怎样制定规矩呢?我有以下方法。

第一,规矩的制定要让学生参与其中。边界在哪里,学生清楚之后才能执行。以何为边界,经过激烈的探讨、思维的碰撞、想象与现实的结合、各种理与据的争辩,磨合得出的大家都要遵守的边界,才是班级内所有学生都要执行的条款。

第二,邀请学生对班级规章制度的执行效果发表看法。随着学生年龄的成长,一些条款会变得不太适合现在的班级情况,制定好的规章制度也可经过全班的同意之后进行更改。学生能够积极参与到规章制度的制定与更改中来,那他们更有可能严格遵守。

第三,制定好的规章制度全班学生无差别全部执行。其实,孩子们并不介意严师,可是他们讨厌不公平的老师,如果老师区别对待学生,就会在学生心中埋下不信任的种子,时间久了便有委屈、怀疑甚至抵触心理产生,班规的执行效果便会大打折扣。

第四,明确违规的后果。若有违纪行为,如辱骂别人、课堂说话,甚至打架、毁坏物品等这些行为,他们会面临怎样的后果,并且让他们自己再复述一遍。身为教师,要学会和学生更好地沟通,每次活动前,必须保证他们了解各种行为的后果。

第三部分 环境

  老师每天压力重重,希望能够做到让每一个孩子都跟上队伍,学业让人满意,为此焦虑不堪。但是很多事情的呈现有如正态分布一样,总有少数人是尖端,中间是努力前行的大部分人,也有少数人松松垮垮地跟在后面,并有掉队的危险。但是,要掉队的只有那么几个人,他们需要老师的帮助,更需要家长的帮忙,我想,每个老师都不希望自己的学生是那摇摇欲坠的几个人的一个。老师的职责就是为所有的孩子打开一扇门,用规矩为学生指引前进的方向,陪伴孩子一直前行。

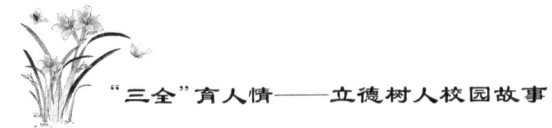

班级灵魂——文化墙

王卫丽

班级文化是一个班级的灵魂。良好的班级文化,能增强班级凝聚力和学习氛围。而要想了解一个班级的文化,最直接的方式就是看看班级的文化墙。班级的文化墙布置得丰富多彩,常能吸引孩子们驻足观看。

为了给师生带来方便,今年文化墙的材料有了改变,开始使用彩色图钉订作品,但发现有一定的危险和磨损的现象。一开始使用彩色图钉的时候,孩子觉得新鲜,总想摸一摸,致使图钉不牢固,有脱落的现象。课间路过走廊时,孩子有时不小心会碰到突出的图钉,致使其掉落,一不注意会踩到鞋底,有安全隐患。遇到刮大风的天气,有时就会把作品和图钉刮落一地,一片狼藉。

如何保护班级外的文化墙成了难点,我们班主任课后针对这些问题展开了讨论,想出了一些办法。

首先,利用班队课,加强"卫生礼"的教育。我校的"儒雅少年文明七礼"的"卫生礼"就有"护墙五不"的要求:手不摸墙、身不靠墙、脚不蹬墙、物不触墙、笔不画墙。告诉孩子看见文化墙不摸不碰,文明欣赏;其次,换光面图钉,即降低图钉对孩子的吸引力,还能避免凸起部分被不小心碰掉;再次,安排两个安全小卫士,每次一下课就站在教室外保护文化墙,防止图钉不小心掉落和人为的破坏;最后,增强孩子对班级文化墙的荣誉感和责任感,人人都是设计者,让同学们都参与进来,每周让孩子更新作品,让孩子乐在其中,培养学生的兴趣爱好和责任意识。

经过一段时间之后,孩子的习惯越来越好,不仅爱护自己班的文化墙,还会保护其他班的文化墙。看见自己和其他班的作品不小心脱落后,会主动钉上。真是人人为我,我为人人。

品味书香,漫步书林,泛舟学海,塑造未来,这就是我们文化墙的整体意境。文化墙是孩子们温馨的家,更是孩子们开心快乐成长的乐园。

第四部分 课程

让美育涵养每一个孩子的心灵

韩中华

适度教育1.0时代,我校美育"重知识、轻创新""重少数、轻全体",过度与不及现象比较凸显;适度教育2.0时代,我校的美育"重技能、轻素养""重比赛、轻普及"现象依然存在。对照适度教育理念,抑制过度、提升不及、调整错位,在美学理论、教育理论的指导下,健全完善与德、智、体、美、劳协调实施的美育工作机制,迎来了适度教育3.0时代。通过构建"课程实施、文化引领、活动推动、环境熏陶"美育工作机制,实行全员美育、全程美育、全面美育,把美育贯穿于教育的全过程,做到以美育人,育美的人。在让学生发现美、欣赏美、表现美的同时,以美养德,以美启智,以美健体,以美促劳,从而树立美的思想,发现美的品格,培养美的情操,形成美的人格,提升人生境界和生命质量,实现全人成长、全面发展。

一、课程实施——寓美育于各学科教学之中

我们遵循美育特点和学生成长规律,将美学原则渗透于各科教学之中,除了美术、音乐等艺术课程之外,我校将美育渗透于语文、数学、科技、英语、书法等课程。尤其是书法课,书法自身的美学价值决定了实施美育的现实性、可行性。书法之美,首先来自书法外感的形态美:篆书的圆匀、隶书的波磔、草书的飞舞、行书的流动、楷书的严整,各显其美。其次,书法的练习过程本身就是一种定静练习,"静能生慧,慧能生智",练习书法能让孩子澄净内心,召回涣散的专注力,体验珍贵的"心流"状态。最后,通过书法教学,在了解历代名家所创造的伟大作品的同时,去接受书法家的品德教育,如颜真卿的"忠义光明",柳公权的"心下正则笔正",欧阳修的"学书为乐",从而达到陶冶性情、锤炼意志、涵养情操的目的。

二、文化引领——寓美育于儒雅文化

所谓"儒雅",是指学识渊博、知书达理,气度温文尔雅。美育只有在学校儒雅文化的引领之下才能呈现无限美好的状态,故此我们采取一系列的

措施与策略,让校园、教师、学生都具有儒雅文化的气息。我们以儒雅校园文化为载体,包括校园环境改造、墙壁装饰、各班教室布置等,将国学经典、孔子文化等传统文化分别以儒雅之美、儒雅之礼、儒雅之德、儒雅之博、儒雅之智等在校园充分展现,立足"儒",突出"雅",让校园的每个角落都蕴含儒雅文化的气息。我们制定了儒雅教师公约,让教师的师德素养与业务能力得以不断提高,让教师更加善学博学,富有儒雅之涵。我们还通过儒雅"学生公约"、儒雅学生"六个一"、儒雅少年"认星争章"儒雅少年"自育手册"等一系列儒雅特色教育教学活动,让学生从小养成良好的行为习惯,为赢得美好人生奠定基础。

三、活动推动——开展丰富多彩的活动实施美育

我们倡导"活动美育",将美育思想观念根植于学校的各种活动之中。如:"书香文化节""科技艺术节"、多姿多彩的社团活动等,通过各种活动与美育结合,真正提高孩子们的艺术修养,健全审美心理,培养学生的艺术感知,丰富学生的创意想象。通过各种活动提高艺术教育的参与度和普及度,让孩子们更好地找到自己的兴趣点。我校组建"沙游作文""衍纸绘画""魅力古琴""哲学太极"等147个社团,让各种艺术生活走进校园,走进学生生活,让学生在活动中提高审美情趣,发展学生的个性特点,培养学生的创造能力,弥补课堂教学的某些不足。

四、环境熏陶——校园文化建设中实施美育

校园文化建设是一项隐性课程,对培养学生的综合素养起着潜移默化的作用,故此我们尤其注重校园的绿化、美化工作,让校园的自然环境和人文环境体现学校的特点。就自然环境而言,不仅具有审美价值,体现人与自然的和谐统一,而且具有文化价值,把教育的目的和文化知识融进学校的每个角落:校园里的木瓜树、海棠花、操场的爬山虎等;就人文环境而言,我们学校可谓是"学校无闲处,处处有教育""学校无小事、事事能育人"的人文教育环境:"让每一个生命幸福成长的笑脸墙",充满童真、童趣的阅读馆,楼梯间异彩纷呈的作品墙,等等。美是一种看不见的竞争力,我们努力做到"让每一面墙壁会说话,让师生每到一处受感染,让师生每次活动受教育",通过校园文化建设,让学校的办学理念弥漫在校园的各个角落,促进学校、教师、学生的共同发展。

总之,成功的美育能让孩子感受到什么是"江南可采莲,莲叶何田田",什么是中国画的"远山如黛,近水含烟",什么是诗词歌赋背后的人生际遇、

家国情怀。成功的美育能让孩子从"高峰坠石"理解重量与速度,从"千里阵云"学习开阔的胸怀,从"万岁枯藤"知道强韧的坚持。

中华美育精神应该是《中庸》里阐述的"尽精微致广大",繁华是美、苍凉是美、收获是美、遗憾是美、真是美、善是美……美潜伏于每一个人的生命之中,珍重美,也是珍重自己,让美育涵养每一个孩子的心灵!

"两承包一体验",着力培养小学生劳动素养
——劳动教育综合实践活动案例

李秋杰

劳动教育有着独特的育人价值,在促进成长、锤炼品质等方面发挥着不可替代的作用。青少年学生劳动素养的培育,以及劳动技能的掌握,不是一朝一夕的事情,需要日日涵养。劳动教育必须从孩子抓起,必须落地生根。经过近两年的思考与探索,河南省濮阳市第二实验小学以"两承包一体验"劳动教育综合实践活动课程为载体,积极构建德、智、体、美、劳全面培养的教育体系,以劳树德,以劳增智,以劳强体,以劳育美,着力培养小学生的劳动素养。

一、案例设计思想

(一)案例背景

培养学生德、智、体、美、劳全面发展,是教育的一个重要的出发点。劳动教育是小学生素质教育中一个不可缺少的部分。习总书记在教育大会上强调:"要在学生中弘扬劳动精神,教育引导学生崇尚劳动、尊重劳动。"劳动意识应当是当代中国学生发展核心素养的重要表现。但如何培育青少年的劳动素养,使小学生在潜移默化中真正接受劳动教育,进而形成人人爱劳动、人人善劳动的正确的价值观,将来担当实现中华民族伟大复兴的重任,成为真正意义上的人才,是一项任重道远的宏大工程。

(二)案例提出

我国的劳动教育时废时兴,经历了曲折发展的历程。劳动教育缺位成为我国当前教育的严峻现实,中小学生劳动教育现状不容乐观。我国中小学生劳动机会较少、劳动意识缺乏,出现了一些学生不会劳动、轻视劳动、不珍惜劳动成果的现象。究其原因,有很多。

第一,从学校来讲,劳动教育散乱无序,师资、场地、经费缺乏,劳动教育无计划、无考核;有的把劳动当惩罚手段,劳动多教育少,忽视劳动观念和劳

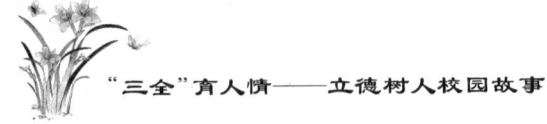

动习惯培养。

第二,从家庭来讲,体力劳动和生产劳动在家庭教育中被忽视,家长往往只关心孩子的学业成绩,只要学习好,什么都不用干。

第三,从社会来讲,一夜暴富、不劳而获的思想有所蔓延,好逸恶劳、看不起劳动、轻视劳动人民的现象客观存在。另外,随着时代发展,社会进步,每天充斥孩子们生活的,除了课堂、书本、作业,就是辅导班、手机。室外活动越来越少,缺少近距离接触田野、大自然的经历,更缺少劳动体验,导致学生的劳动意识淡化,劳动观念淡薄,甚至错位。

劳动素养的缺失如今已成为较为普遍的事实。特别是新时期城市的学生,不会劳动、不爱劳动、不尊重劳动等问题促使我们深思,因此,培养学生的劳动意识,帮助学生树立劳动光荣的价值观尤为重要。

(三)案例思路

劳动教育是中国特色社会主义教育制度的一项重要内容,它直接决定着社会主义建设者和接班人的劳动精神面貌、劳动价值取向和劳动技能水平。我们认为:学校要培养担当民族复兴大任的时代新人,着力提升学生的综合素质,就必须准确把握劳动教育价值取向,引导学生树立正确的劳动观,增强对劳动人民的感情,报效国家,奉献社会。经过近一年的思考与探索,围绕劳动素养,我们开发了"两承包一体验"劳动教育课程,将劳动教育渗透于"基础课程、选修课程、社团课程、社会服务课程"之中,让学生在开放的平台上以体验的方式进行综合式学习。

二、案例实施情节综述

(一)实施依据与内涵

1. 实施依据

劳动教育要遵循教育的规律,符合学生的年龄特点,以体力劳动为主,手脑并用,让孩子体验亲历劳动的过程。家庭劳动教育要日常化,学校劳动教育要规范化,社会劳动教育要多样化,形成家庭、学校、社会协同育人的格局,才能提升育人的实效性。

2. 主要内涵

濮阳市第二实验小学树立新时代劳动教育观,开启"两承包一体验"劳动教育序列活动课程;"两承包"指每个学生在校内承包一项班级事务,在家中承包一项家务劳动;"一体验"指每个学生每学期至少参加两次社会实践活动。

（二）实施过程与评价

1.定人定岗，劳动教育落地生根

家务劳动类——基础性劳动课程必修。结合年龄特点，我们将家务劳动课程进行了分解，定制了学习菜单，要求学生在相应学段必须完成。

家务劳动——基础性劳动课程一览表

教学任务	年级	月份	内容	实施形式	评价方式
小小家务我会做	一（上）	9月	认识蔬菜	实践操作记录	在家长的帮助下填写儒雅小公民自育手册
		10月	认识水果		
		11月	择菜 洗菜		
		12月	洗水果		
	一（下）	3月	分筷子		
		4月	擦桌子 收放凳子		
		5月	丢垃圾		
		6月	扫地，拖地		
家务劳动我能行	二（上）	9月	洗碗筷	实践操作记录	在老师的帮助下填写儒雅小公民自育手册
		10月	收拾书包		
		11月	叠衣物		
		12月	洗小件衣物		
家务劳动我能行	二（下）	3月	收拾书桌		
		4月	叠被子		
		5月	学会整理衣柜		
		6月	学会整理房间		

教学任务	年级	月份	内容	实施形式	评价方式
厨房小帮手	三(上)	9月	烧开水	实践操作记录	自主填写儒雅小公民自育手册
		10月	煮鸡蛋		
		11月	煮面条		
		12月	煮粥		
	三(下)	3月	水果拼盘		
		4月	蔬菜拼盘		
		5月	水果沙拉		
		6月	蔬菜沙拉		
绿植小能手	四(上)	9月	认识绿植	实践操作记录	自主填写儒雅小公民自育手册
		10月	了解水养		
		11月	了解土培		
		12月	制作容器		
	四(下)	3月	种蔬菜		
		4月	种水果		
		5月	种花草		
		6月	整理花房		
厨房小主人	五(上)	9月	买蔬菜	实践操作记录	自主填写儒雅小公民自育手册
		10月	买肉		
		11月	买水果		
		12月	煮稀饭		
	五(下)	3月	煎鸡蛋		
		4月	西红柿炒蛋		
		5月	炒米饭		
		6月	制作小蛋糕		

班级事务——选修性劳动课程。学校将班级所有事务进行细化,比如扫地、擦黑板、擦玻璃、关灯、关门、关窗、收拾讲桌、整理书柜等,通过班会课,每位同学至少认领一项班级劳动任务。比较繁重的任务可以3~5人同时认领,大家合力完成。

体验活动——公益性志愿劳动。与学校"小龙人"志愿服务活动相结合,依托家庭读书社团来进行。学校成立了文明交通、清洁家园、爱心帮扶、低碳环保、爱绿护绿等8支"小龙人"志愿服务队,63个志愿服务中队,360多个志愿服务小队,志愿服务小队一般由8~10个家庭组成,实现了3780名学生全涵盖,将劳动教育、文明行动、阅读活动延伸至课外,延伸到每一个家庭。每逢周末、节假日,孩子们在家长的陪伴下,走出家庭、走向社区,开展各种形式的读书、劳动、公益等社会体验活动。

(三)评比表彰,劳动教育注重实效

劳动素养的提升不是一朝一夕的事情,需要不断浸染,长期坚持。为了激发学生浓厚的劳动兴趣,学校每年度评选"劳动小能手""优秀志愿服务中(小)队",举行"我的厨艺秀""我劳动,我光荣"等展示性活动,将劳动教育贯穿教育教学工作的始终。尤其是2020年春季,受新冠肺炎疫情影响,学校延迟开学,孩子们宅居在家,是进行家务劳动教育的好时机,我们借助线上教学以及微信群、朋友圈,设计了"特殊寒假,我的宅生活——我是绿植小达人""特殊寒假,我的宅生活——我是家庭好帮手""我是抗疫小达人——晒晒我的厨艺秀"等网上评选活动,开展了形式多样的家务劳动和爱绿护绿、种植体验活动,让队员们在家里也能通过自己的劳动获得丰富的生活体验,培养其劳动意识和审美情趣,学会欣赏美、体验美、创造美,懂得感恩与担当。

三、案例教育效益与分析

劳动教育具有丰富的内涵,我们以"两承包一体验"为着力点,多路径开发了劳动教育综合性实践活动与课程,老师、家长共同参与到学生的成长教育中来,让劳动教育回归本真,回归到日常生活中,日日涵养,实践证明,劳动教育取得了良好的教育效果。

(一)培育了学生的心智机能,提升了学生的公民素养和创新能力

劳动教育课程的开发,小到个人卫生,大到环境保护,一系列的劳动锻炼一方面培养了小学生的劳动观点、技能和习惯,另一方面促进了小学生身体发育、心理健康、智力发展,也让学生在劳动的过程中学会自主思考,不断发现问题、解决问题,激发了创新思维,培养了敢于实践、勇于创新的精神。更为重要的是,劳动中学生懂得了责任与担当,学会了感恩与尊重,大大提升了学生的公民素养。校园内外遵规守纪、助人为乐、拾金不昧蔚然成风,讲诚信、讲文明、守规则、乐奉献,涌现出了一批批"劳动小能手""文明小标

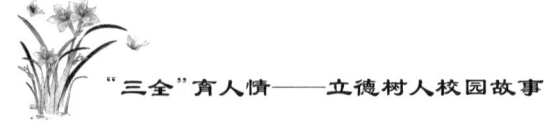

兵""新时代好少年"等。

(二)有力助推了学校朝着更高目标又好又快发展

2017年5月,由濮阳市妇联、市文明办、市教育局主办的"家校共育 成就未来——家校共育成果展示"现场会在市第二实验小学隆重举行。学校先后获得"全国教育工作先进集体""全国巾帼文明岗""河南省未成年人思想道德先进单位""河南省师德师风建设先进单位""河南省勤工俭学先进单位""濮阳市全民阅读活动书香校园"等多个荣誉称号。近五年迈出三大步,从市级文明单位,到省级文明单位,再到全国文明学校,实现了历史性的突破。如今的濮阳市第二实验小学已成为濮阳教育的一张名片。

3.辐射带动生成了良好的社会效益

"两承包一体验",将劳动教育与学生的生存技能、生活习惯、生命价值相融合,更好地衔接了社会、家庭、学校三者之间的协同,其目前正在日益深刻地影响着师生、家长的行为方式。教师的心态更平和了,思想更睿智了,教育理想更鲜活了;学生的一言一行日渐儒雅有修养;广大家长也在共劳共育的过程中,涵养了生命,丰盈了心灵。家校互动,师生携手,人人争做最好的自己,让孩子们在更加开放的平台上学会生存、积极生长、幸福生活。

三、案例教育分析

崇尚劳动、尊重劳动。我校以"两承包一体验"为主题的劳动教育综合实践活动课程的开发与实施,目前来看,效果是明显的,但我们也在不断反思,如何在此基础上,做到不断创新,以便使其效益不断扩大化,我们认为:

第一,学生劳动素养的培育需要过程。劳动教育并非一朝一夕就能看出明显的教育效果,有的学生虽然在学校接受了劳动教育的熏陶,但由于家庭原因,在思想行为方面很难在短期内达到一个理想的转化,还需要社会、家庭的共同配合。

第二,劳动教育实验基地的配置较少。劳动教育是一个体验性很强的课程,劳动意识、劳动能力需要在亲身实践中提升。作为城里的孩子,要真正体验劳动过程,真正走到大自然中去,还需要有广阔的实践场地,需要社会的大力支持。

劳动创造幸福,劳动孕育生命。拓展劳动教育的有效途径,着力培养青少年的劳动素养,学校和广大教育工作者重任在肩。对此,必须要有清醒的认识。而加强对青少年尤其是小学生正确的劳动教育观的培育,必须选准载体。河南省濮阳市第二实验小学牢固树立新时代劳动教育观,以"两承包

一体验"为着眼点,以活动体验为抓手,以"小龙人"志愿服务为平台,创新实践,促进了学校日新月异的发展,社会效益良好。目前,学校师生阳光热情,有目标,有担当,有追求,在"让每一个生命幸福成长""劳动光荣"的理念引导下,正一步一个脚印地成长着,进步着,发展着。

班级公约精神培养案例

李 博

班级文化覆盖面很广,至于培养孩子习惯方面,我们班的班级公约最能体现。班级公约大家都很熟悉,但是若想真正发挥它的作用,就需要把公约做细,做全面。我首先做的是让孩子们理解什么是公约。

一、理解什么是公约,从历史故事中体会公约精神

我花费时间,给孩子们讲了七个感人的历史故事,比如给孩子们详细讲了著名的《日内瓦公约》,这一纸公约到目前为止,共累积拯救了 4000 万各国战俘以及平民的生命。还有,为了让孩子明白"公约精神",还给他们讲了一个《13 世纪荷兰船队》的感人的历史故事——13 世纪一支满载货物的荷兰船队,在海上遇到了风暴,迷失了航向,为了履行国际商队公约,恪守诚信,船员宁可忍受饥饿放弃生命,也没有吃雇主让其押送的食品。之后荷兰这个国家因为这种公约精神得到国际的信任,从而在短时间内积累了巨大的资本财富,成了发达国家。

讲完故事,我轻声问道:"孩子们,你们敢不敢有这种公约精神?"

讲述这些历史故事,是为了让孩子真正了解公约,重新认识公约,从历史的角度着手,让公约这种众人熟识的班级规则上升到精神品质的高度,让它成为一种有深刻内涵的符号,给孩子留下深刻的印象,从而放大公约的力量。

二、制定公约

公约内容的起草也有讲究。李校长曾经说过,队课上一定要致力于解决班内出现的切实问题。所以,首先,公约内容的制定,一定要根据某个班最现实的小问题有针对性地进行制定,要接地气儿!不能喊太大、太空的口号。其次,内容要少,若条目太多,效果就会下降,因为孩子记不住。过多的内容反而会使公约无效。

三、签订公约

我们班签订公约的仪式很隆重,目的也是让这个事情在孩子们心中留下深刻的印象,这样能放大公约的力量。仪式时,每个孩子上台,在公约书上签名,按下手印作为印信,最后与我握手。握手时我紧紧盯着他们的眼睛,说一句"今日之约就此达成"。面对一些特殊的孩子,我还会针对他平时容易出现的问题,说一句提醒的话。

比如,有的孩子上课比较调皮,签约握手时,老师一句朴实平淡的话说出来,孩子的眼圈都红了,这样,目的就达到了。

四、守护公约

每当有孩子违反了公约,我会平心静气、很认真地告诉他,你违反了我们制定的班级公约。不责骂,也没有批评。由于之前的一系列作为,使得公约这件事在孩子心中的地位很高、影响很深,所以这句话甚至比厉声的呵斥更加让他害怕自责。老师不必批评,孩子会自我批评。

五、修订公约

我们要以发展的眼光看待问题,对于班级公约也应如此。我们班的公约不是一成不变的,这是因为,之前的一些错误经过时间的发展孩子不再犯了,但是班内可能会出现新的问题,这就要每半学期修订一次公约。这样定期地删减、更新,就能让公约条目内容始终针对班内当时出现的问题,让公约始终接地气,永远不过时,这样公约才能一直发展下去。

班级文化的覆盖面很广,班级公约只是其中的一个小点。但只要把这一小点做大、做细,上升到学生心理以及精神感化的高度,它就能发挥出不错的效能。而且它便于操作,每个班级都有条件施行,所以是培养孩子习惯的一个可以尝试的选择。

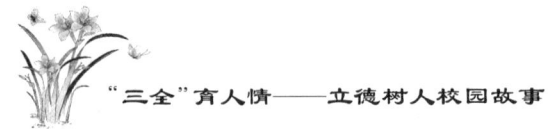

"两承包一体验"
——劳动教育课程体系构建的新样态

张茹珂

劳动教育是全面贯彻党的教育方针的基本要求,是实施素质教育的重要内容,是培育和践行社会主义核心价值观的有效途径。教育部《关于加强中小学劳动教育的意见》指出:"用3—5年时间,统筹资源,构建模式,推动建立课程完善、资源丰富、模式多样、机制健全的劳动教育体系,形成普遍重视劳动教育的氛围。"

濮阳市第二实验小学树立新时代劳动教育观,将劳动教育纳入学校课程体系。在新冠肺炎疫情防控假期中开启了"两承包一体验"劳动教育序列课程,各年级学生纷纷践行劳动,开展了丰富多彩的劳动竞赛活动,学校选派了四位优秀青年教师代表,进行了线上劳动教育主题班会课的展示,为学生做了很好的引领和指导,推进了劳动教育课程体系的建设。

复学复课后,学校利用升国旗仪式,将"两承包一体验"劳动主题教育再次启动。班主任鼓励每个学生积极申报学校和家庭中的劳动岗位,并把学生申报的岗位和体验的社会实践劳动项目,制作成表格,张贴到班级事务栏里,时刻提醒。"两承包一体验"序列课程使劳动教育扎实推进,在我校落地生根,成为全面育人的有效载体。

"两承包"是以学校、家庭劳动为主渠道的课程构建。"两承包"指每个学生在校内承包一项班级事务,在家中承包一项家务劳动。

其中,就承包学校岗位来说,学校在校园里设计和建立了许多劳动服务岗位,包括扫地、拖地、擦黑板、关门、关窗、关电灯、养花、养鱼、维修、图书管理员、桌椅小管家等岗位。学生可以自由选择一个自己心仪的校园劳动岗位,老师引导学生参与到校园劳动之中。学生在服务过程中体验校园里各种事务性劳动的繁杂性、琐碎性、辛苦性,体验到学校管理之不易,后勤服务劳动之艰辛,培养学生"我为人人,人人为我"的劳动服务意识,在劳动中懂得责任与担当。

就承包家庭岗位来说,家校双方联手协同合作,班主任引导家长设计和

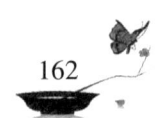

建立家庭劳动岗位,包括内务整理、美食制作、绿植养护、垃圾分类等岗位。学生根据需要选择岗位,帮助家人参与到家庭劳动之中,创造一个整洁温馨的家。学生在家庭岗位的践行过程中,养成基本的劳动习惯,掌握基本的生活技能,提高独立自主的生活能力,将现代生活理念融入劳动教育之中,使劳动教育有效渗透到学生日常生活的全过程,并取得更好的实践效果。

这些校园和家庭服务劳动岗位的设置成了学生自我管理、自我教育的有效途径。

"一体验"是以社会实践劳动为支路径的课程构建。"一体验"指学生每学期至少参加两次社会实践活动体验。学校在抓好校园、家庭劳动为主阵地的前提下,还开发了以假日实践为辅的自我劳动教育、以社区文明志愿活动为辅的社会劳动教育为支路径的活动课程,为劳动教育提供丰富的社会资源,使学校、家庭及社会达成共识,形成合力。

劳动教育是关注学生全面发展的素质教育,强调实践和体验相结合。学校结合劳动教育课程特点,出台了"劳动小能手"评选方案,通过学生劳动表现、劳动交流、劳动情况记录、劳动展示等多种方式对学生的劳动学习进行综合评价。有利于学生进一步明确努力的方向,发挥评价的激励与导向作用。

劳动教育是素质教育的重要内容,是立德树人的重要渠道,是培养学生社会责任感、创新精神和实践能力的重要方式。学校构建的"两承包一体验"劳动教育课程体系,以课程化实施为主要手段,强化了劳动课程意识,在丰富的劳动教育中实现全面育人,既是学生未来生活的需要,又是生命更好发展的需要。

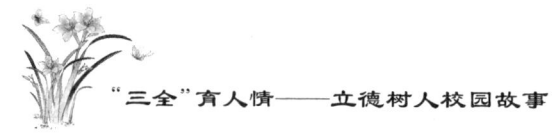

罗森塔尔期待效应的实践应用案例
——让特殊的学生普通化

李 博

作为濮阳市第二实验小学的一名新教师,对于课堂教学,我们有师傅一字一句不辞辛苦的课课指导,因此一节课上起来得心应手、事半功倍。而管理学生则不同,对于管教学生,我们从师傅身上获得的间接经验很难转化为我们自己的实践,即使师傅精心口述管教学生的方法,我们不亲身实践,这种间接经验我们也做不到很好的运用。学生管理,只能自己通过实践,一步一步摸着石头过河,通过自己不断的"尝试—错误—再尝试—成功"来慢慢积累经验,总结方法,最后重复利用。

教育心理学中的罗森塔尔期待效应是指:积极的期待可以激发人的潜力,被期待的人会为了达到你的期待而不停改变自己。当教师给予学生一个信任和期待,学生就会为了证实老师赞美的真实性,不停地向你的期待进步。

一开始它对我来说只是个理论而已。但是经过一次不经意的实践,以及持续不断的摸索,我深刻体会到了它的魔力。

我们班有个孩子,学习成绩一塌糊涂。这一直是我的一块心病。吵了无数次,和家长交流了无数次,惩罚了无数次,"涛声依旧",没有改观。人都说当遇到问题用常规方法无法解决时,就要尝试做出改变了,既然惩罚没用,那就夸赞吧!于是我花一晚上时间制定了一套心理战术。

规则如下:

第一,找着理由夸孩子,没理由制造机会和理由也要夸奖她。

第二,不能让她感觉到是一种浮夸,让她相信老师是真的在夸她。

为什么这么做?因为孩子其实很聪明!能感受到你是不是真心夸她的。所以,夸奖必须有理有据。

第三,这种故意的夸奖要具有长期性。

持续一个月。最忌讳的是今天夸一次,明天吵一顿,那么效果就等于0了。一个孩子被夸一次好三天又回去了,这种情况很正常,遇到这种情况常规做法就是吵一顿。事实证明这样做接下来就是差生"涛声又依旧"了。所以我计划要反其道而行,继续夸,规避缺点,没理由找理由夸。

第四,让特殊的学生普通化。

比如,做操时间,不再单独拉她出来补课;上课不再刻意叫她回答问题;给她预备的听写准备时间和优秀学生的时间一样。总之让她感觉到老师真把她当成一个班里最普通,而非特殊的学生。

于是,我开始了实践。还记得第一次夸她时,是写有关小动物的作文。碰巧这个孩子当时养了一只小仓鼠,之前她的作文基本写够一页就不错了,而小动物这篇作文,她竟写了一页半。当时我正在讲台上当面批改作文呢,当着全班的面,我自言自语:"这个王艳姿拼音不熟练,基础知识不会,这个作文咋这么有天赋啊,看看这语言写得多流畅(读了两句)。这要是到五年级拼音分数比重低了,说不定能成个高分的好学生嘞。"

这段话是我预先备好的,说得全班同学眼睛都瞪着,好像真觉得王艳姿到了五年级就会不得了一样。王艳姿本人更是高兴。

接下来就是"夸奖"她的课外阅读题,"夸奖"她的基础知识默写,她为了达到老师的期望,拼命地在那里自己摸索着记。

终于,她在接下来的四年级上学期期中考试中,语文考了82分。

故事结束,我送走这届毕业班后,将这个孩子的案例进行了总结,并对期待效应的运用经验进行了如下整理:

第一,夸奖一个学生要具有长期性,学会规避他中间出现的过错。

第二,讲究细节,老师的夸奖要让学生信服。

第三,时不时要有几次敲打,但不能太重,口气要温婉,甚至面带笑容。

第四,让特殊的学生普通化,忌讳特殊对待学困生,让学困生慢慢地认为自己是个正常的学生,不比别人特殊。

一个学生的转化成功只是起点,今后我想继续实验我的方法,争取使我的实践经验更加丰富、科学。

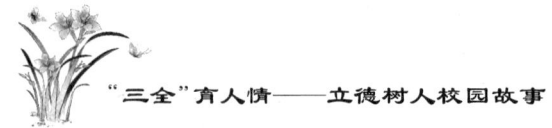

儒雅文化润生命　翰墨书香育英才
——书法教育课程的开发与实施

张茹珂

濮阳市第二实验小学创建于 1988 年,学校环境优美,布局典雅,是一所有着丰富人文底蕴的学校。

三十多年的传承与坚守,历练和沉淀了厚重的翰墨文化,学校书法教育特色在国内享有盛誉,曾两次承办国家级书法教育研究年会,先后荣获"全国书法教育示范学校""全国特色学校""全国艺术教育先进单位""全国规范汉字特色学校"等多项国家级荣誉。

学校的书法特色教学成绩斐然,还在于有一支师德高尚、业务精良、团结和谐、开拓进取的教师团队。其中有专职书法教师 6 人,国家书协委员 1 人,省书协理事 2 人、省书协会员 6 人,市书协理事 1 人、市书协会员 21 人。

一、理念引领,明确书法教育方向

十年树木,百年树人,书法教育,德艺双馨。书法是中国特有的一种传统文化艺术,有着深刻的文化内涵,开展"一校一品"书法教育特色是学校实施素质教育的重要途径之一。

我校坚持"实施适度教育,促进全人成长"的办学理念;明确办学目标,即要办一所教有特色、学有特长、师生共享成长幸福的、充满活力的、有文化有内涵的学校。同心同德构建绿色育人系统,为巩固学校书法教育特色打好思想基础。

二、文化引领,浓厚书法教育氛围

学校着力打造"一校一品"书法特色校园文化。满校园触目可及的皆是会说话的墙壁,苍劲有力的书法、朗朗上口的文字,让学生情不自禁地驻足欣赏。

敏行楼大厅,"三气"校魂文化墙引人注目,刚劲有力的书法字彰显着"正气、大气、雅气"的校魂。

楼梯过道,展示的是围绕"儒雅"着力开发的以"孝、礼、诚、信、仁、智、毅"为核心的传统美德文化,让师生润心扉、明礼仪;教学楼上孩子们的书法作品琳琅满目。

环境优美、布局典雅的校园墨香文化,为书法教育创建了儒雅的环境。

三、课程建设,构建书法教育体系

学校将"一校一品"书法教育特色当作一项有益孩子终身的大工程来看待,并就中、长期写字教学进行了规划,制定了书法教育目标:从一年级抓起,全面普及书法教育;从双姿抓起,力争写字无差生。在多年教学实践经验的基础上,老师们依据学生的年龄特点,结合语文教材编排意图,编写了一套《小学生硬笔书法教与学》《小学生软笔书法教与学》的校本课程教材。为避免印刷体难以模仿的弊端,教材上所有的示范字都是书法教师亲笔书写。

在课堂教学中,教导处和书法教研组着力研究书法课模式,抓写字教学质量的提高:编印了《濮阳市第二实验小学书法教学指导纲要》;创造性地提出一条"大课带小课"的书法课堂特色,即每周两节"40分钟的书法指导大课"带"20分钟的书法练习小课"。大课渗透写字方法,小课勤练写字技巧。每周两节大课连排,安排在课程表中,以分层指导的方式渗透书法艺术。

四、评价导航,保障书法教育实效

为切实确保"一校一品"书法教育特色取得成效,学校实施"日评周清月结和展示性评价制度",并建立长效机制,有力促进了师生书法特长发展。

日评周清月结制度是指学校把粉笔字书写纳入教师业绩考核和年级组团队考核,并且每天有评价,每周一统计,每月一汇总一公示。

展示性评价制度是指学校把所有学生平时学习的过程性材料,在期中和期末面向全校进行展示,将每班学生每一节课的书写练习情况尽收眼底。全校师生人人都是评价者,人人又都是被评价者。

五、活动推进,彰显书法教育精彩

学校为了进一步提升"一校一品"书法教育特色,弘扬书法传统文化,蕴含师生儒雅素养,开展了一系列活动。

1. 书法社团活动

在学校少年宫,每个年级都有专用的书法教室,设备齐全,社团在每周三和周五下午各活动一次,为孩子们提供了成长的土壤。

2."书法小明星"评比活动

学校对学生的书写练习进行督导、抽查,及时反馈,评出"月书法明星""学期书法明星""学年小书法家",并定期进行"双姿优秀生""写字明星班"的评比活动。每学期进行一次综合评定,期末表彰,调动师生练习书法的积极性。

3.书香文化艺术节活动

学校利用每年的六一儿童节开展这项活动,活动分动态和静态两种形式。2020年学校举办的第四届书香文化艺术节,学生的书画作品版面达到45块,硬笔作品2800余幅,软笔作品200多幅,绘画作品1400余幅,为学生搭建了充分展示特长的舞台。

4.抄读经典活动

敏行楼上开设了硬笔和软笔两个抄读经典室,老师们利用课余时间在优雅的轻音乐中抄读经典,把抄写经典和诵读经典有机融合,既放松心情又修身养性。

5.个人书法展

学校为书法特长生们在校园里举办个人书法展100余次,让学生体验到成功的愉悦,为更多的书法爱好者树立榜样。

6.书画成果展

利用元旦佳节,展示学生一学年的书画成果,使书画特长生脱颖而出,丰富校园文化生活。

7.书"龙"活动

每年的濮阳市中华龙文化节,孩子们都会代表学校在戚城公园、科技园、校园挥毫泼墨,书写"龙"字,抒发自己热爱家乡的情感。

8."二实验杯"书法大赛

由市文联、市教育局和我校共同承办的二实验杯"中国梦·园丁情"濮阳市首届青少年书法大赛颁奖仪式暨濮阳市"书法名家进校园"活动启动仪式在我校举行,评委会共收到来自全市书法爱好者的312幅书法作品,其中我校获奖人数占参赛总人数的一半以上。

丰富多彩的活动彰显了学校"一校一品"书法特色的风采。

天道酬勤,一分耕耘,一分收获,坚持不懈的努力让我校收获了累累硕果。学校浓厚的书法教育氛围,造就了一支功底深厚的教师队伍,培养了一大批书法教育名师。师生多次参加国际、国家级、省市级书法大赛,培养出书法特长生2000余人,学生个人获奖3000余人次,学校获得集体奖30余次,各种证书不计其数。我校领导多次代表学校在全国、全省的书法交流现

场会上发言,交流我校先进的办学经验。

近年来,有百余个来自省内外的书法教育考察团到我校参观指导工作。中国教育学会名誉会长、北京师范大学资深教授顾明远教授一行,还有多位省市级领导莅临我校视察指导,领导们对我校的书法教育特色及办学成绩做出了高度的评价。

翰墨书香,润物无声。在《全国中小学书法教育纲要》已全面颁布实施的今天,濮阳市第二实验小学这艘有目标、有生机的航船,必将承载起二实验一代又一代人的书法梦想,在"实施适度教育,促进全人成长"的办学理念引领下,以书法教育特色为龙头,以"抄读经典"为突破口,积极构建儒雅文化,塑造儒雅教师,为培养"身体壮、心智强、习惯好、讲诚信、爱学习、懂感恩、有教养、善创新"的高素质儒雅小公民,励精图治再谱新的篇章!

三尺讲台　我是主角

于　征

史宁中教授明确提出:数学教学的最终目标,是要让学习者会用数学的眼光观察现实世界,会用数学的思维思考现实世界,会用数学的语言表达现实世界。而数学的眼光就是抽象,数学的思维就是推理,数学的语言就是模型。语言是思维的外壳,通过语言展示学生的思维活动,结合学习金字塔教给别人这种方式,学习效果能达到90%。在平时的教学中学生常常只会做题,学困生甚至一些优秀学生支支吾吾说不出个所以然来,针对这个问题我们班开展了"我是数学小老师"活动。

我要求学生按以下步骤进行:

首先,关于讲解流程的要求:①先读题;②再讲解思路(在小黑板上边讲边板书);③最后结束语:这道题我讲完了,你们听明白了吗?

其次,关于视频的要求:孩子要出镜,录上半身即可,板书清晰。

布置任务时,有的学生说,老师我不能当小老师。我问:"为什么?"学生说:"我不会说,不想录。"多数学生问我,能不能不录,这是必做的吗? 他们在打退堂鼓,对自己能讲题不是特别地自信,不想参与。我想鼓励学生更多地参与进来,于是我又用心设计了以下评价机制。我对全班学生进行了分组,6人一组,分成12组。各个小组建立自己的微信群,把每天的视频发在小组群里,小老师评价学生。小老师的学生对视频中他们的讲题情况进行打分,我每天也会给录视频的学生加分,他们所得的总分,一周下来最多的小组获得奖励。

评分标准表　　　　　　　　　　(满分10分)

姓名	讲解正确思路清晰(3分)	录制流程完整(3分)	语言流畅有节奏感(2分)	声音洪亮有感染力(2分)	建议

在这样的评价机制下,越来越多的学生参与进来。我们班的程子乾同学是班级里的学困生,有次放学他跑到我面前说:"老师今天的每日一题是什么?"我说:"怎么了?"他继续说:"我想在班里今天给你讲完题再走,妈妈今天有事不在家,录不成视频,我现在给你讲吧,讲完给我们组加分。"原来,是在这样的激励下,他讲题的积极性更高了,一学期下来我看到视频中他的讲课更加自信,手势恰到好处,语言越来越流畅,一个"小老师"已经有模有样了,看到他的进步,我太高兴了。在我的教学课堂上同学们积极发言的多了,会讲题的学生在课堂上替代了我,我成了冬天的知了——一言不发。三尺讲台,他们成了主角。

这种新型的学习方式,让不敢在人前说话的学生有了在课堂上勇于表现的机会,他们慢慢地大胆了,慢慢地敢上台了。"数学小讲师"活动的开展,既培养了学生的空间观念、推理思想、数形结合、画图策略、操作能力等关键能力,又促使学生养成了有理有据、一丝不苟、全面缜密的严谨思维,提升了学生的数学核心素养。我们将继续开展小老师活动,挖掘学生的更多潜能,营造"人人能做小讲师,人人争做小讲师"的浓厚氛围,激发更多的学生喜欢数学,热爱数学。

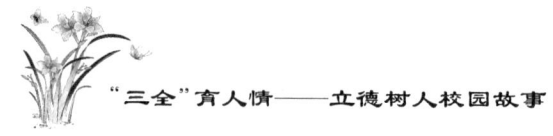

综合实践活动课程的开发与建设

张茹珂

濮阳市第二实验小学是享誉全国的书法教育实验学校,曾成功举办两届全国书法教育协会年会和现场会。全国劳模、适度教育领军人李慧军校长提出了适度教育,抑制"过度",提升"不及",调整"错位",发展"绿色",实现全面、健康、和谐、可持续发展。适度教育开启了濮阳市第二实验小学发展的新局面,特别是适度教育理念下的综合实践活动课程更是以其全新的课程理念和实施方式,极大地冲击着老师们传统的教学观念,教师有了创造的空间,孩子们走出了封闭的课堂,在广阔的天地里实践着、探索着、体验着、创造着、成长着、幸福着。

一、课程建设:讲究适度、强化传承、广泛开发

"讲究适度,尊重生命、尊重规律、顺其自然,精心培植适合每一个孩子健康成长的土壤,巩固和传承好学校已有办学成果特别是二十多年积淀的翰墨底蕴"是我们开发和建设综合实践活动课程的宗旨。据此,学校先后开发了《书法》《晨诵》《中华经典诵读》《小公民素养自育手册》校本教材,并正式出版。其中《小学生硬笔书法教与学》和《小学生软笔书法教与学》1—5年级共10册的校本教材,以经典诗词书写和欣赏为主,收集了大量诗词佳作,书中的范字都是由学校的书法老师亲手书写;《中华经典诵读》1—5年级共10册读本,内容以传统国学为主,编排从一、二年级的《弟子规》《三字经》《百家姓》《千字文》,到三、四、五年级的《声律启蒙》《唐诗》《宋词》《笠翁对韵》《论语》《增广贤文》等,注重了国学诵读的难易序列;《晨诵》以儿童诗学习为主;《小公民素养自育手册》把八项育人目标,分解成56个梯级发展内容,涵盖了小学生学习、生活等方方面面。这些校本教材各有侧重,实现了现代与经典、阅读与抄写、语文与书法、学习与修身的完美结合。

为促师生快速全人成长,依据学校特色、教师特长和学生兴趣,适度开发了多彩综合实践活动课程。例如,濮阳是龙的故乡,每年农历二月二都要举办全市范围内的"书龙"活动,我们根据学校特色开发了"书龙"课程;语文

老师结合新课程理念开发出了课前三分钟积累微型班本课程;少先队利用每周的升旗仪式,开发出了国旗下讲话系列活动课程,比如,"提升自控力,做儒雅少年""好习惯成就你和我""文明礼仪伴我行""我安全我健康我快乐""珍惜时间从我做起""我身边的传统文化"等活动,促进学生从小养成良好的生活学习习惯,为孩子的一生奠基。师本课程的开发充分凸显老师的个性与特长,如晁秋实老师喜爱国学,开发了吟诵课程;王巧玲老师擅长儿童诗创作,开发了儿童诗创作课程;靳秋鸿老师擅长编织,开发了编织课程;茆红霞老师擅长声乐,开发了合唱声乐课程;崔存英老师喜欢科技,开发了机器人创客课程;等等。

以上课程建设,深化了课程改革,完善了基础教育课程体系,促进了综合实践活动课程和校本课程的常态化实施。

二、社团建设:尊重成长、搭建平台、扎实长效

李慧军校长的适度教育有一句通俗的名言,就是"辣椒没有冬瓜大,冬瓜没有辣椒红",人与人之间存在着巨大的差异,但人人都是宝藏,教育者必须承认并加以尊重。适度教育不仅要承认二者差异,更要量出二者所长,培养每位学生的自信,为其终身幸福奠基。学校建设少年宫,尊重兴趣,双向选择,成立书法、美术、音乐、球类、器乐、科技、棋类、机器人等42个学生特色社团,为每个社团提供专用活动室。每学期,学生在完成必修课程的同时,根据自己的特长和爱好实行走班制,选修其中的1~2门课程,每周一至周五下午第二、三节活动课为固定走班时间,保证每一个孩子都有自我发展、兴趣发展的空间和时间。为了保证综合实践活动课程的常态开设和学习效果,学校采用日常督导检查、期末社团活动成果展示等形式对其进行督导检查。

三、管理建设:评价导航、多元自主、拔尖托底

适度教育尊重差异,承认不同,强调公平,面向全体,开发学生的自主和创新精神,强调既拔出尖儿,又托住底。学校实施素质教育三维质量评价体系(学业水平评价、人文素养评价、个性发展评价),开展一系列展评活动,为每一个生命的幸福成长保驾护航。例如,书法小明星评比活动,评出"月书法明星""学期书法明星""学年小书法家"等,并定期进行"双姿优秀生""写字明星班"等评比活动;教学过程实行展示性评价,每学期期中、期末进行两次评价;社团活动每学期末都进行成果汇报;还有系列大型展示活动:庆六一书香文化艺术节活动,迎元旦成果展示,主题性阅读活动,大型经典诵读

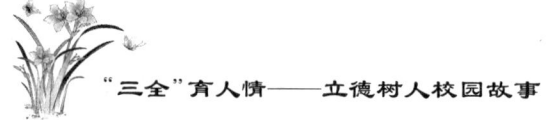

活动,大型经典书写比赛,校园吉尼斯展示;等等。每一次活动,都既表彰各方面优秀同学,拔出尖儿,又表彰鼓励参与活动和有进步的同学,托住底儿,人人是星,让每个孩子都能体验成功、成长的快乐。

评价不是论长短,而是促发展。学校把综合实践活动课程纳入考核,包括过程评价和终结性评价,计入教师个人教绩。考核时从学生参与面、展示形式、展示内容和展示效果等四个方面进行综合评价,切实发挥好评价的导向作用。

四、绿色发展:屡创佳绩、绘就精彩、硕果累累

天道酬勤,一分耕耘,一分收获,坚持不懈的努力让我校收获了累累硕果。连续几年,学校的综合实践活动课程"七彩空间"美术社团被河南省教育厅评为优秀成果一等奖,《辅导员》《濮阳日报》刊登了该美术社团的成果;"星光书法"艺术社团获市级一等奖;"新科科技"社团获市级二等奖。我校积极组织学生参加各级各类比赛活动,如在体育比赛、书法比赛、征文比赛中,多次获得团体奖和单项奖;学校多次被评为"体卫艺工作先进单位"。

适度教育理念下的综合实践活动课程的开发与建设成就了老师,成就了学生,成就了学校。老师们的干劲足了,本领长了,广大教师人人都有了课程意识,都在有意无意地开发课程、实施课程;3000多名学生人人是星,实现了人人有特长、个个有兴趣、自主能管理、修身成才两不误。比如,近几年,学校为擅长书法和绘画的学生举办个人展300多人次;仅第四届书香文化艺术节,书画展版105块,硬笔作品2800幅,软笔作品200幅,绘画作品1400幅,学生个人书画展60人。综合实践活动是学校发展的助推器,学校步入了绿色发展快车道,赢得了濮阳社会的广泛关注和普遍赞誉。吸引了省内外广大同人观摩学习,省部级干部纷纷莅临我校参观指导,学校从市级文明校园到省级文明单位,再到全国文明校园,五年三连冠,可喜可贺。

成绩属于过去,未来我们会更努力。我们坚信,濮阳市第二实验小学的综合性实践活动课程将会在不断的尝试和探索中走向完善,将会在不断的总结和反思中走向辉煌。

主题微班会 润心更润德

常文欣

作为一个参加工作时间不长的新人,更多的是需要学习和请教,学习科学的班级管理方式,请教经验丰富的同人,倾听他们的管理经验,从而不断提高自己的班级管理水平。

我认为,班级文化建设不单单是教室布置、环境美化,更多的应该是对学生的德育和美育。作为教师,我们要抓住每一件小事对学生进行细致教育,才能更好地促进和提升班级的管理。一个班级就像一个小社会,班级里的学生就是社会的成员。但与社会又有所不同,学生的三观普遍还未完全形成,他们拥有社会人所没有的"单纯",如果班主任能给学生正面的引导,那么学生在正能量的浸润下,就容易形成良好的班风班貌,促进学生的成长。所以,我在班级的管理中,经常通过微班会对学生进行思想道德教育,让学生学会辨别、学会感知、学会接受、学会适应这个环境。

前不久,在我的班级中就发生了这样一件事。那天下午,天下着蒙蒙细雨,小雪同学生病没有来学校,可第二天早上她的书包却在学校门卫室内。这是怎么回事呢?原来是当天下午有几位好心的同学要帮她把书包送到家。可由于书包沉重,背到学校大门口,谁都不愿意再多出点力气,就随意丢在了路旁。幸好隔壁班小涵同学捡起来,送到了学校门卫室,才没让书包丢失。

为了教育这几位随意丢弃别人书包的同学,我在班会上组织了一场讨论:别人的书包应不应该随意丢在路上?很多同学都发表了自己的观点:如果你不帮小雪同学背书包,书包也不会丢;你助人为乐、当然是好事,但应该把好事做到底,既然打算背就要想办法背回去;书包丢了小雪同学怎么上学;还有同学说丢下别人的书包是不负责任的行为,我们要学会负责任……同学们你一句、我一言,这几位同学认识到了自己的错误,经过鼓励教育,三位同学主动写了一封感谢信,送给了隔壁班的小涵同学。

这次微班会,我通过一个简单的、常见的小事,同时让几位同学接受了一次责任意识教育和助人为乐精神的熏陶。这就是通过主题微班会,抓住

对学生进行德育的契机。

一个生活中的微小故事,诠释了我对学生德育的理解和实践。班级管理或者说学生的教育过程,其实都是由孩子们在成长过程中一个个细微的小故事和小举动汇聚而成的,我们只要在日常的工作中善于发现,及时通过微班会进行教育和总结,那么,一定会使我们学生的个人素质和道德品质不断提高。

让思维之花在纠错中绽放

王晓蕾

心理学家盖耶认为:"谁不考虑尝试错误,不允许学生犯错误,就将错过最富成效的学习时刻。"错误是正确的先导,错误是通向成功的阶梯,学生犯错的过程应看作是一种尝试和创新的过程。

学生的作业总会存在着或多或少的错误,经老师讲解或同学指正后,学生很容易发现,但真正纠错的学生并不多。错误的知识当时看似懂了,但时间长了,学生很容易"重蹈覆辙",以致错误总是重复出现,难以解决。

针对这个问题,我特别重视学生的纠错工作,我认为纠错本的建立,贵在坚持。不拘时间,不问多少,不分课内、课外,凡是错题都应及时收录。课堂上来不及记录的,课后一定要及时记录,在学校来不及记录的,回家后要及时补记。对纠错工作,我要求学生按以下几个步骤进行:①将错题原封不动的抄下;②写下错误的原因;③书写正确的答案;④对本题做出反思(自己应注意的问题)。

经过这样几个步骤,学生对错题的认识当然就非常深刻了。有了以上明确的规定,学生的改错也不再是把正确答案一抄了之。班里有个调皮的孩子叫张羽航,因为父母忙于做生意,对他的监管总是不到位,每次的纠错对他来说形同虚设,总是马马虎虎,草草了事,错题没有真正纠正,不断"重蹈覆辙",积累的错误也越来越多,导致成绩不尽如人意。针对这种情况,我耐心细致地引导他找出错误较多的类型,让他按照规定的步骤认真纠错。通过对一道题深入细致的剖析,他体验到了认真纠错带来的好处;通过对自己所犯错误的分析,找出解决它的思路与方法,并能够对同 类型的题进行分析归纳,总结方法,这也是拔高解题能力的重要环节。

纠错是对学生作业的再认识和再提高,对学生掌握知识起着非常重要的作用。在后来的学习中,孩子们在面对一个问题,审题时学会了揣摩题的特点,涉及几个知识点,突破口在哪里,难点、重点又在哪里,等等。通过多问几个为什么,把一道错题弄懂弄会,从而达到做一题会一类,错过一次下次不再出错。

错误是通向成功的阶梯,正确对待这些错误,进一步分析犯错误的原因,并能透过错误发现有关问题,在错误上面做些"文章",就可变"废"为"宝",使之形成"再生资源",让"错误"美丽起来,在纠错中绽放思维之花,从而使学生形成良好的学习品质。

让思维导图与数学相得益彰

翟志然

思维导图又称为心智图,其提出的基本前提是认为"大脑进行思考的语言是图形和联想",是人类思维的自然功能。它是一种非常有用的图形记忆和思维方式,总是从一个中心点开始,每个词或者图像自身都可以成为一个子中心或者联想,合起来以一种无穷无尽的分支链的形式从中心向四周放射,或者归于一个共同的中心。它能将左脑的逻辑、顺序、文字、条理,以及右脑的图像、想象、颜色和空间等多种因素调动起来,一起参与思维和记忆,把传统的单向显性思维变成多维发散的思维。它可以应用于生活学习的各个方面,能清晰呈现出思维过程和事物之间的联系,能改善人们的学习能力和行为表现,在数学教学中它还有很多作用。

一、运用思维导图激发学生兴趣

小学生虽然年纪小,但是兴趣浓厚,大部分小学生对数字和图示的感知能力比较强。教师在教学中结合小学生生理和心理特征,运用思维导图开展教学活动,能激发学生学习数学的兴趣。如教学"运算律"时,使用思维导图将运算规律和例题相结合,既开阔了学生的数学思维,还易于学生对重点难点的理解,让学生感受到了学习数学的乐趣。

二、运用思维导图优化知识结构

在新课改的背景下,培养学生的自主学习能力与创新意识,是每位教师共同肩负的重要使命,也是课堂教学的首要任务。小学生年龄小,还不能构建完整的知识结构,在教学中,教师通过思维导图帮助学生厘清学习思路,将诸多知识点利用思维导图进行总结,能引导学生独立思考,鼓励学生主动分析,起到优化知识结构的作用。例如,在学习圆时,我们首先认识了什么是圆,生活中有哪些物体的形状是圆形,进而学习了圆的周长和面积,将圆的相关知识应用于实际生活中。对于圆的学习如果只是机械化记忆,会出现知识点遗漏的现象,需要学生应用思维导图进行整理巩固。以圆为中心词进行知识点的展开,辐射四周,将圆的周长和面积进行对比分析,根据板块一级一级地将知识点连接起来,进而构成一个完整的知识结构,这样学生在做题、解题的过程中就不会出现知识上的空白或者遗漏。思维导图能把知识体系系统地展示在学生面前,对数学知识进行全面直观的总结,大大优化了知识结构,学生自主分析能力、独立思考能力也得到了提高与发展。

三、运用思维导图促进教学反思

小学生知识有限,对抽象性的数学概念和逻辑性较强的理论知识的理解、掌握有一定的困难。教师通过思维导图将学生难理解、易混淆的知识点直观、全面地呈现出来,能提高学生的认知能力和辨析能力。如在学习长方体和正方体时,对于正方体是特殊的长方体这一知识点,学生学习理解起来会有一定的困难,在教学的开始,老师可以让学生联系生活中的实际物体进行探究;然后在教学过程中运用思维导图探究长方体和正方体各自的特征以及二者之间的联系,这样学生才能更准确地理解所学的内容。教师在进行教学时,可以边画思维导图边讲解这些知识之间的联系和区别,帮助学生更直观地理解和掌握本节的数学概念,极大地促进学生对数学教学活动的反思。

让思维导图和数学相得益彰,在小学数学课堂教学中应用思维导图是提高课堂教学效率、转变学生学习方式的有效途径。在应用过程中,老师要及时更新观念,树立新的教学理念,充分给予学生自主权,使学生自主识图、制图、用图。同时,学生也要及时与老师进行沟通,参与课堂教学,师生的共同努力下,才能够更好地发挥思维导图在小学数学课堂教学中的作用。

第四部分 课程

用心灵体验抒真我个性
——在活动课程中激发学生写作兴趣

张茹珂

我的作文课"快乐游戏"在市教育局教研室组织的濮阳市第十八届作文优质课表彰中获得了一等奖的第一名,成绩不错,感受颇深,收获颇多。首先我背后有一个强大的团队力量在支持着我,磨课团队的每个成员献计献策,集众人智慧,加上我自己的构思,讲出了一节实实在在的教学生写作文的课。这节作文课我选的写作点小,但非常实用,学生收获很大。

作文是衡量学生认知水平和语言文字表达能力的综合指标,也是语文教学中一个很重要的教学环节,对于学生来说学习写作是一个难点,学生怕写、厌写。我在本节作文课上尝试了在活动中培养学生的观察能力,老师引导学生观察简简单单几个动作(老师拿起一支粉笔,转过身去,走了两步,在黑板上画了一个小丑),鼓励学生说出一些连贯的动作,学生在老师的鼓励下,逐渐把句子说得很完整。通过不断的教学尝试,我感到这种方法不但让学生在参与中学会了仔细观察,知道了怎样表达自己的真实情感,还培养了学生的写作兴趣,增强了写作的信心。

一、走进生活,学会观察,唤醒体验,挖掘素材

为了让学生有真实的生活体验,积累生活素材,培养学生留心观察的好习惯,平时,我很注意在活动中激发学生的写作兴趣,比如在本节作文课教学中,我引导学生用上"仔细观察,抓住动作"的方法,做第一遍"贴鼻子"的游戏,细心观察贴鼻子同学的连续动作,并练习说话。接着做了第二次游戏,引导学生仔细观察周围同学的反应,然后让学生按要求进行现场快速写作。

在平时的生活中,我还经常组织学生春游——写游记,演讲 写演讲稿,参观访问——写访问记,读书社团——写读书活动,家庭活动——写家庭游戏,等等。目的是通过活动,感受真实的过程,让学生养成勤观察、善思考、多动笔的好习惯,从活动中积累写作素材,唤醒学生体验。学生由于有

话可写,感到写作文并不困难,就能写出自己的真情实感,长期积累,逐渐也能熟能生巧,下笔如有神了!

二、用心活动,留意瞬间,激发兴趣,点燃热情

生活中的素材虽然很多,但是必须有一双敏锐的眼睛才能发现。作为老师,可以指导并组织学生用心观察周围生活的世界,提高观察的敏锐度和能力。首先,我利用学生在校内的课外活动时间,引导他们在活动中观察、练笔,让游戏活动渗透到作文训练中,在玩中学写,写中再现玩的乐趣。比如,我在课间活动时,组织学生开展游戏活动,形式多种多样,有贴鼻子、老鹰捉小鸡、丢沙包、跳皮筋、跳方格、踢毽子、捉迷藏、猫捉老鼠、丢手绢等看得见、摸得着、有感受的活动。这些活动都深受学生喜爱,他们尽情蹦跳,心情无比欢畅。其次,活动结束了,我便不失时机地提问学生,大家会你一言、我一语,绘声绘色地讲起来。在孩子们灵感被激活的那一刻,写作热情也被点燃,纷纷表述自己想法。由于给学生创设了最佳情境,形成了人人参与、个个投入、高高兴兴来习作的氛围,让孩子们当场记录自己看到的、听到的、想到的,在情境中写作,使学生的写作效果达到最佳状态。比如,在这节课教学中,我引导学生充分观察游戏的过程,并在充分地练习说好游戏的过程的基础上,引导学生当场习作,给出习作提示:先写出贴鼻子同学的连续动作,再写出周围同学的反应。最后,要求他们字体工整,句子通顺,标点符号准确;直奔重点去写,语句尽可能简洁、流畅。

三、变换形式,自评互评,全员参与,提高能力

评改作文是很好的习作教学阵地,学生辛辛苦苦地写好作文之后,总喜欢得到老师的表扬、同学们的认可。这是一个最热闹、感情碰撞最激烈、作文技巧提升最快的环节。所以在这节课中,学生写完作文后,我以学生写的好范文做引子,评一评好在哪里,抓住契机,变换形式,学习方法。让学生充分参与。我平时的教学是按照这样几个步骤进行评价的。

1. 自我评价,欣赏自己

为了发挥学生在作文评改中的主体作用,学生写好作文后,我会先让学生直接参与评改,在这节作文课中,我给出学生评改的提示:评评作文是不是先写出了贴鼻子同学的连续动作,是否写出了周围同学的反应。在修改中体验走向成功的过程,在修改中学习习作方法,并从中体会"文章不厌百回改""精自改中来"的真味。

2. 学生互评，取长补短

平时作文教学中，我还经常通过学生互评、小组评价和全班评价，培养他们发现错误的能力，同时使同学之间研究学习的氛围更浓了。不仅能调动学生的学习积极性，而且在多种互动对话中，能够取他人之精华，补自己之不足。

3. 教师评价，提高能力

学生由于知识和能力有限，作文中出现不足在所难免。为此，我又把同学们的习作在班上讲评，讲评时采用"评""讲"结合，以"评"带"讲"的形式，高度地评价学生写作的成功之处，委婉地指出学生的不足，鼓励他们勇于在报纸上发表，让学生既增强了写作的信心，又明确了今后努力的方向，这样的做法会在培养写作兴趣的同时又激发了学生的写作欲望，让学生在不知不觉中爱上写作。

总之，在作文教学中，不仅要教会学生写作方法，更重要的是教给学生观察生活、认识事物的方法，让学生在丰富多彩的生活中摄取写作材料，丰富学生的写作素材，引导学生用心灵去体验、去积累、去创新，自由表达，抒发真我个性，提高作文水平，让写作真正放飞学生的心灵。

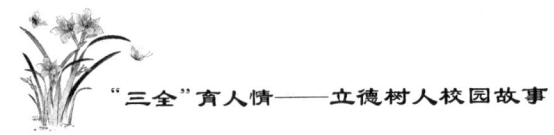

开发多文本阅读课程，实现课内外阅读融合

张茹珂

"让语文教学贴近学生的生活实际，让课堂阅读教学向课外阅读伸展，让课堂内外的阅读教学相互交叉、渗透和整合，联成一体。"这是温儒敏教授在新课标解读中的讲话。由此可见，要发展学生的阅读能力，只能通过学生大量的阅读实践。这就要求我们教师在指导学生阅读时，一定运用在课内学到的阅读方法，对课外同主题的多篇相互关联的文章进行拓展式的多文本阅读，并注重对学生阅读数量和速度、方法的培养。让学生既从课堂走向生活，从课本走向书库，从课文走向书架，又把课内所学的基础知识与基本技能运用到课外阅读和生活中去，做到学以致用，真正让阅读为生活服务。

多文本阅读课程，就是让我们的阅读教学从课堂走向生活，从课本走向书库，课内得方法，课外得实践；课内激趣，课外书海畅游。那么，如何有效地开展课内外阅读实践活动，探索阅读课内外结合的有效策略呢？在进行一系列多文本阅读实践探索中，我们总结了"五字"阅读教学法。就是"选赏展记写"教学法，很好地实现了课内外阅读的有机融合。

"选"即寻找关联，巧选文本，让群文紧密关联起来。多文本阅读教学，就是围绕一个主题把多篇文章聚在一起，一般选择四五篇最好，所选的文章要有共性。在同一节课活动中所选的文章之间应该有共同的议题，通过同时阅读多篇文章，从不同的方面、不同的角度来解决同一个问题。比如"关于人间真情"专题，可以选取《班级第一名》《伞的故事》《爸爸的新鞋》《我的母亲》这四篇文章来进行教学，这些文章都是从不同的角度来赞扬人间真情的。

"赏"即评赏阅读。指在学生感知同一主题或同一作者的多篇文章的基础上，针对文本内容或形式精心细致的阅读、分析、评价鉴赏。赏析点可以是文章的题目，可以是文章中的精彩句段，可以是写法上的独特之处，可以是句式上的有意变化，可以是修辞上的别具一格，可以是凝聚着作者心血的语言。比如从题目上进行赏析——题目是怎么命题的？写出了什么？如，《生命，生命》和我们以前学过的课文题目相比，你发现了什么？作者为什么要用两个"生命"做题目呢？通过引导学生感悟、思考，知道作者在强调我们生命是宝贵的，要热爱生命，善待生命；生命短暂，要珍惜生命，使自己的一生活得光彩。再如《"精彩极了"和"糟糕透了"》这一课，学生通过阅读分析会发现课文题目中的"精彩"和"糟糕"是一对反义词，起到了强烈的对比作用；这两个词分别代表了母爱的慈祥和父爱的严格；从题目可以看出文章的内容和中心。教学这篇课文时，我重点引导学生通过朗读抓住"人物对话描写的方法"，体会人物内心，感悟人物形象。学完这篇课文后，我引导学生继续搜集阅读有关"父母之爱"主题的文章，在多文本阅读中巩固"人物对话描写的方法"，并把这种写作方法迁移融入自己的写作，从而提高写作水平。

"展"即展示分享。适时开展民主、互动、多元的对话，让孩子们一同分享阅读心得，积极创设班级中浓厚的读书氛围，提高个体与群体的阅读素养。在这里，学生的感悟无论是深刻还是肤浅，都是属于他们的独特感悟，教师都应充分地尊重，让他们感受到成功的喜悦。多开展读书分享会、读书社团活动等动态的读书活动，也可以开展静态的阅读板报、手抄报、读书分享卡展示墙等。多元的展示分享活动一定能激发学生的阅读热情，让学生体会到阅读的乐趣。在这些活动中，教师只是学生阅读兴趣的激发者、学生开展阅读活动的引导者、阅读活动的参与者与聆听者。

"记"即课内外阅读思考记日记、多文本阅读分享记录表等。课内与课外是语文能力起飞的"双翼"，它们相辅相成，无主次之分。为更好地落实多文本阅读课程的实施，在阅读中能有机融合课内外阅读，我结合阅读内容辅之相应的阅读材料引导学生有序进行记日记，学以致用，提升学生的阅读力和思考力。"课内外阅读分享记录表"是为了让学生的自主阅读更有目的、有重点地进行，同时记录整理阅读之后的心得体会，并与同伴分享。在教学中我还通过"课内外阅读分享表"了解学生的阅读状况，适时给予合理的阅读建议，通过阅读分享表的撰写，培养孩子们养成边读书边做读书笔记的习惯。针对不同的年级，可以有不同的要求。比如，低年级可以是"好词佳句的积累""阅读存折"等，中年级可以是"简单的读书感受和体会"，高年级可以是"主要内容""精彩片段""想提出的问题"等。老师需要把握的是，既不让阅读分享表成为学生的负担，又不让学生觉得是无关紧要的事，目的是让学生养成日积月累的好习惯，为写作积累丰厚的第一手材料。

"写"即联系阅读自主写作。阅读多文本，不仅能多方面地感受同一文学主题，更是掌握写作方法、依照例文写作的极佳机会。进行多文本阅读，学生自然会在阅读中对同一类主题的文章、同一类写作方法有较深刻的认识；也会在多篇文章的同一类表达方法中，由于"见多"，运用起来有范例，会更熟练、更准确。此时,抓住时机进行练笔,就会提高写作水平,起到事半功倍的效果。

课内外阅读相结合不仅能增加学生课内外阅读量,更能有效指导学生运用课内所学阅读方法,高效进行课外阅读,提高阅读质量。因此多文本阅读教学,给教师和学生带来了新的发展空间,给小学语文教学带来了一片新天地,更是快速提升学生语文素养的一条新途径。

优美的旋律会育人

戚建荣

"小时候,我以为你很美丽,领着一群小鸟飞来飞去;小时候我以为你很神气,说上一句话也惊天动地。"歌声激荡着我的青春岁月,那时的我就仰慕神圣的教师职业,希冀成为歌中那个美丽的角色。天遂人愿,梦想成真;寒来暑往,授业解惑。我深深感受到,为人师表的责任和使命,还有那无法释怀的平凡和奉献。正像歌中所唱:"放飞的是希望,守巢的总是你;写下的是真理,擦去的是功利。"

新时代赋予了我们新的使命,与时俱进是教师不懈的追求。"厚积薄发、激活灵性、以爱育爱、达德成才"——在"爱的教育"理念下,我作为音乐教师,用优美的旋律书写着"师德",表达着"真爱",滋润着"灵魂"!

课堂上,我和孩子们在音乐的海洋中畅游,我们一起放声高歌,一起讨论贝多芬、莫扎特;课下,我带领他们积极参加声乐、舞蹈社团的训练;组织学生参加校内外的各种文艺演出。有了我们,校园变得丰富多彩,课堂变得有声有色;有了我们,校园到处充满着歌声,充满了生气;有了我们,书香文化艺术节、体育艺术节、科技艺术节红红火火,星光四季耀眼。

记得一次音乐课上,我们学了一首歌——《国旗国旗真美丽》,等到同学们基本都学会了的时候,我请一位同学上台来表演唱,我看到有位小男孩站了起来,整个身体猛向前倾,手举得高高的,嘴里还喊着:"老师,我!我!我!"我一眼就看到了,所以赶紧叫他上台来唱。等到他喜滋滋地跑上讲台,却有些害羞似的望了我一眼,迟迟不唱,好像在犹豫。我鼓励了他,等他唱完第一句时,台下已经有同学在起哄了,教室里充满了哄笑,他再也唱不下去了,脸一下子涨红了。我立即大声说:"同学们,这位同学的声音很好听,可能是第一次上台唱歌,胆子有点小,没关系,我们和他一起唱好吗?"同学们都说:"好!"于是,在欢快的音乐声中全体同学击掌应和。小男孩放开了,忘情地表演,教室里激情荡漾,其乐融融,尴尬随之烟消云散……拂去学生心头的阴霾,以尊重培育尊重,是音乐的效能,不也是音乐教师的职业操守所在吗?

有的同事说："教音乐真好,每天都那么快乐。"我承认我快乐,我每天也把幸福和快乐写在脸上,那是因为我深爱着自己从事的教师职业。我从中收获了快乐,但并不是说我没有烦恼。当我接到每一项活动的比赛通知时,我也很有压力,为了使节目更加新颖,质量更高,让学生表现得更完美,我反反复复地思索、训练、示范,有时学生对歌唱的音准、舞蹈动作的规范性就是把握不准,我心里虽急得直上火,但依然耐着性子教,直到孩子们都学会为止。

我是一滴小小的露珠,不能掀起推波助澜的浪涛,但可以润泽渴望成长的禾苗;我的才智无法准确地诠释"师德"的圣洁和崇高,但可以从孩子的眼神里评价自己行为的高尚或渺小。孩子是美丽的,音乐是美妙的,愿孩子们伴着优美的旋律在音乐的海洋中自在遨游,快乐成长!

第四部分 课程

探索阅读教学课程中读写结合的途径

张茹珂

读和写是学习语文的基本功,而阅读与习作又是语文学习的重头戏,但很多同学在阅读和写作中存在严重脱节的现象,所以如何在阅读中找到读写的结合点是提高语文学习效率的重中之重。叶圣陶说:"语文教材无非是个例子,凭借这个例子要使学生能够举一反三,练就阅读和写作的熟练技能。"所以在教学中教师要引导学生借助阅读文本的适当时机,随阅读进行练笔,这是一条提高学生习作能力、促成读写结合的有效途径。

阅读教学课程中的读写结合不同于一般的作文,它在相当程度上依赖于读,是读的延伸,是阅读成果的表达,是阅读过程中产生的观点、思想情感的表达,是阅读材料中典型表达技巧的学习借鉴。写的内容丰富多彩,因文而异,所以教师在教学中要有效地组织读写结合训练。

一、模仿训练

语言学习总是从模仿开始的,要模仿写和说,日积月累,丰富语言,提高表达能力。比如,在学了朱自清的《匆匆》以后,为了让孩子们由作者联想到自己,我让他们精读第三自然段,重点品读"挪、移、跨、飞、闪"几个动词,并问孩子们:"你的日子是怎样匆匆而逝的呢?"接着重点仿写"在……的时候,日子从……过去",进而产生同作者对时光无情流逝深深惋惜之情的共鸣。借助范文指导学生进行仿写,能激发学生写作兴趣,提高写作能力,提高创造思维能力。

二、补写训练

文章的有些地方写得或含蓄,或简练,给学生的思维留下了想象、延伸的空间。学这样的文章时,我找准这些"空白",让学生把写得简练的地方写具体,把写得含蓄的地方补充出来。比如,学习《再见了,亲人》一文,当作者写到朝鲜大嫂为给志愿军挖野菜,被敌人的炮弹炸伤,文中省略了大嫂受伤养伤的情节。我让学生进行小练笔:大嫂倒在血泊中,后来怎么样了?让学

生通过联想补充情节,使人物形象更丰满,对课文的理解更深刻,同时也训练了学生的思维能力。再比如,教学《将相和》一课时,我让学生补写廉颇负荆请罪时的神态、言行以及蔺相如的态度。这些练习处在特定的情境中,内容又与课文紧密相连,故学生容易接受。课堂上进行这样的补写训练,不仅对学生全面、完整地把握课文内容有推动作用,还训练了学生的写作技能。

三、改写训练

以课文为依据,组织学生进行改写练习。不仅可以进一步熟悉文章内容和思想情感,而且可以让学生体会不同的表现方法等。语文教材每册都编排有古诗,这些古诗的内容浅显易懂。写景的将景物描绘得细腻生动,叙事的表达的情感真挚感人。在理解诗句的基础上,可以让学生将这些古诗改成写景或叙事的现代文。比如,学了《别董大》和《赠汪伦》这两首送别的古诗以后,我让同学们把其中的一首改写成一篇以"送别"为内容叙事的文章。这种训练较好地培养了学生的想象能力,也促进了学生如何把文章写具体的能力。

四、续写训练

有些文章所写的事情虽然完结了,但事态还可继续或有新的发展。课堂上可以让学生以原文的终点为续写的起点,展开联想,构思新情节。如在教学完《穷人》一课后,我让学生为文章续写结尾。其中有同学这样写道:"……在渔夫和桑娜的辛勤操劳下,七个孩子终于长大成人,过上了幸福的生活。"有的同学写:"桑娜为了使西蒙的两个孩子过得更好,倾注了自己全部的爱,而自己的一个孩子却不幸夭折了……"有的同学写:"……在一次捕鱼时,渔夫打捞到一箱珠宝,变卖成钱,从此全家人过上了幸福的生活。"由此可见,学生的创造性是不可估量的,在他们清澈的童眸中倒映着异彩纷呈的世界。

五、感悟训练

在学生研读课文,理解课文内容和表达的特点之后,引领学生进行研讨、探究、议论、评价,写"读书笔记"或"读后感"类的文章,抒写学习所得、所思等,既有利于培养学生阅读的习惯,又有利于提升学生的表达思维和思想认识水平。如学习了《卖火柴的小女孩》一课后,我指导学生将自己的生活情况和文中的小女孩进行比较。有同学在作文中写道:"文中小女孩的童年是多么不幸!她本该和家人围坐在暖烘烘的火炉旁吃着香喷喷的烤鸭、从

圣诞树上摘取漂亮的礼物,可是她却在大年夜里赤着脚走在冰天雪地的大街上卖火柴……而我们呢?我们的童年是多么的幸福!大年夜里,家里张灯结彩、喜气洋洋。一家人围坐在热气腾腾的饭桌上,一边吃着美味佳肴,喝着香甜的美酒、爽口的可乐,一边欣赏着电视中联欢晚会的节目。午夜后,还会约上几个小伙伴一起去放鞭炮……啊!想到这里,我不禁感到惭愧万分。我们生活在这样幸福的大家庭里,更应该珍惜!"还有的同学写道:"卖火柴的小女孩由于家境的贫穷与社会的歧视,她只能在街头卖火柴。虽然这只是一则童话故事,但在我们的身边也仍然有着这样可怜的孩子。他们需要社会的关心与帮助,需要我们伸出援助之手。所以,我呼吁:请大家共同关心这些孩子吧!"可见,小小的一个童话故事,在孩子们的心中引起了多么强烈的震撼。

阅读教学课程中的读写结合训练,为学生探索出了一条学习语文的有效之路,因为它直接触及语文学习的两大重点,不仅让学生对所学知识加深了印象,培养了学生的阅读习惯,而且提高了学生知识与技能灵活运用的能力。

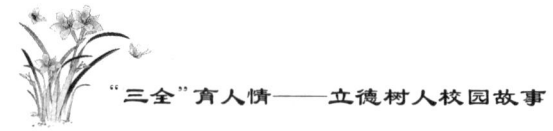

有意义的社会实践课

马瑞娟

倡导文明新风,共建美好家园。为大力弘扬志愿者精神,践行社会主义核心价值观,要不断增强未成年人的社会责任感和使命感,培养他们养成热爱自然、保护环境的良好习惯,用自己的实际行动为创建文明城市、建设美丽家园贡献自己的一分力量。2020年7月24日下午,我带领全班50余名小志愿者来到濮水公园,开展了"文明从卫生做起 濮阳因你而美丽"的志愿服务活动,这是一节有意义的社会实践课。

下午5时30分,小志愿者们身穿红色马甲,高举志愿队旗,迅速来到集合地点,他们的兴奋和激动溢于言表。我强调了本次活动的目的和意义,对整个活动的分工合作及注意事项做了详细的安排部署,小志愿者们认真倾听,用心领会。于鼎灏同学作为宣讲员给大家上了一节生动的"环保知识普及课",他从衣食住行等方面呼吁人们崇尚低碳生活,号召大家拒绝白色污染,生活中使用食品级全生物降解塑料袋,并把这种全生物降解塑料袋一一发放,精彩的讲解令大家纷纷竖起大拇指。

夏日的骄阳抵挡不住小志愿者们的热情,准备工作就绪,小志愿者们立即分成五组,带着自己的清洁工具分散到了公园的各个角落。他们有的认真地用扫帚清扫路面;有的专注地盯着地面,一会儿弯腰,一会儿钻进草丛,把藏在花坛草丛里的、沙堆里的垃圾一一捡出;还有的拿起抹布用心擦拭公共设施,椅子擦得一尘不染,警示牌被擦得崭新锃亮。小志愿者们个个干劲十足,满头的汗水流淌下来打湿了衣衫,他们用汗水和笑容灌溉了这个夏天,辛勤劳动的场面成为公园里最亮丽的一道风景。

小小志愿者,满满正能量。小志愿者们充分发扬了不怕苦、不怕累的志愿精神,用自己的实际行动来证明"清洁家园,人人有责"。他们有的精心设计了"生态环保"主题扇送给市民,认真讲解每一幅画的含义,动情朗读宣传语,宣讲文明行为,倡导保护环境;有的孩子把《拒绝白色污染 共建绿色家园》倡议书和环保宣传册发放给市民,传递着满满的正能量;还有的孩子用心制作了环保标语牌挂在公园里。他们的小小身影为美丽濮阳增添了一抹

亮丽的文明色彩。

通过此次社会实践课,培养了孩子们保护环境、爱护家园,从我做起的责任意识。同时,也号召更多的市民参与到环境建设中,为共建绿色家园,共促生态文明建设添砖加瓦。

第五部分　活动

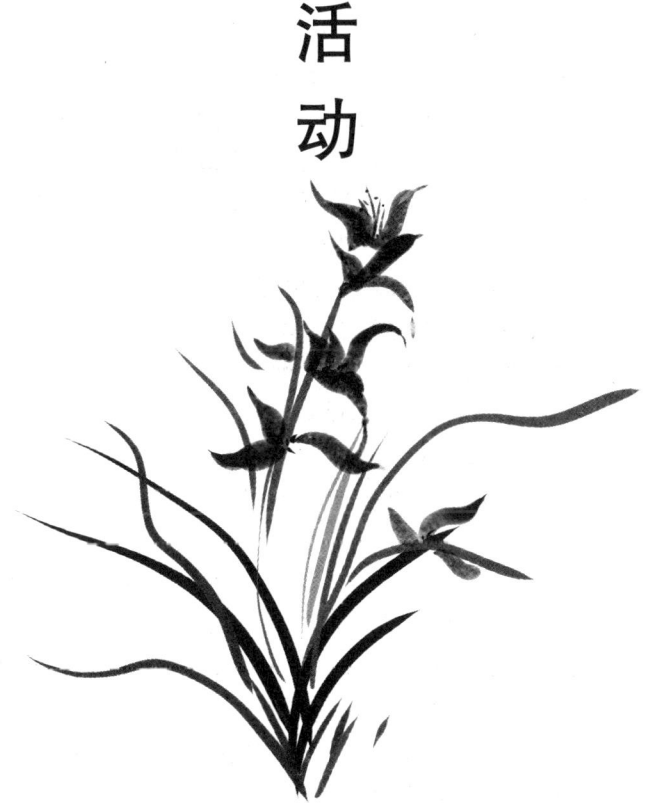

新时代少先队实践活动的立意、策划与组织

程俊英

教育是改变人的思想的事业。新时代,少先队组织肩负着立德树人和"为党育才、为国育人"的光荣使命,必须高举旗帜跟党走。少先队实践活动是立德树人的主阵地,所以少先队活动不能为搞活动而搞活动,要立足于传承红色基因,培育时代新人,团结、教育、引领广大少先队员树立社会主义核心价值观,做共产主义事业接班人。

一、立意与目的

1. 立意要高,瞄准立德树人。党的十八大报告中明确指出要把立德树人作为教育的根本任务。习近平总书记在全国教育大会上强调,我们要围绕培养什么人、怎样培养人、为谁培养人这一根本问题,全面加强党对教育工作的领导,坚持立德树人,大力培养德智体美劳全面发展的社会主义建设者和接班人。中小学的孩子正处在"三观"形成的重要阶段,我们要充分发挥少先队组织的思想性、先进性、自主性、实践性的特点,牢记教育使命,不忘育人初心,从党和国家事业发展薪火相传、后继有人的战略高度出发,在培养少年儿童朴素政治情感和共产主义道德上下功夫,通过各种实践活动,培养少先队员全面发展,从小立志,树立远大抱负,胸怀天下,听党话,跟党走,成为党和国家需要的社会主义建设者和接班人。

"独坐池塘如虎踞,绿荫树下养精神。春来我若不开口,哪个虫儿敢作声?"少年毛泽东就有这么伟大的英雄情怀,壮怀激烈的宏大抱负;青年时代毛泽东又发出了"问苍茫大地,谁主沉浮?"的惊天之问。现在我们的一些青少年缺乏远大的报国理想,价值观错位。例如有的孩子一心只想当公司大老板、挣大钱、买大房子、开豪车等。我们深感担忧。试想,一个只关心吃喝玩乐的孩子,如何能成就伟业,如何担当我们祖国未来的建设者和接班人的时代重任!所以我们要立德树人,首先要对孩子的思想、精神进行引领,通过开展红色基因寻访活动、知党史感党恩活动、向国旗敬礼活动等红色活动,对青少年进行红色革命传统教育,让他们的血脉中融进红色基因,从小

培养爱党爱国的底色,树立"为中华崛起而读书"的远大志向。

2.立意要深,基于问题解决。选题要贴合少年儿童的年龄特点和生活实际,基于学生生活、学习、思想以及班队工作、教育教学中存在的实际问题。例如:刚入学的孩子,出于怯生等原因,见了老师或同学也不会主动打招呼,不知道如何问好。那么,开展"做文明有礼的好孩子"的主题活动,及时引领,就是一个很好的选择。低年级队员由于年龄比较小,小吵小闹不断,如果不及时引领解决,小则影响团结和学习,大则影响孩子的成长,甚至可能酿成大祸。

3.立意还要切合时代的脉搏,立足于时代发展的需要——这是少先队实践活动的特点。少先队的全称叫"中国少年先锋队"。什么叫先锋,走在时代的前列,是祖国建设的先锋,所以要让孩子了解时政,关心国家大事,让他们的心和着时代的脉搏一起跳动。现在有些孩子不了解我们的祖国,不了解她的过去,也不了解她的现在,不关心时政,对国家和社会意识淡漠。习近平总书记主持召开学校思想政治理论课教师座谈会时发表重要讲话:"青少年是祖国的未来、民族的希望。我们党立志于中华民族千秋伟业,必须培养一代又一代拥护中国共产党领导和我国社会主义制度、立志为中国特色社会主义事业奋斗终生的有用人才。在这个根本问题上,必须旗帜鲜明、毫不含糊。我们办中国特色社会主义教育,就是要理直气壮开好思政课,用新时代中国特色社会主义思想铸魂育人,……厚植爱国主义情怀,把爱国情、强国志、报国行自觉融入坚持和发展中国特色社会主义事业、建设社会主义现代化强国、实现中华民族伟大复兴的奋斗之中。"所以,少先队活动要把社会上的新元素、新发展理念融进去,引领少先队员了解时政,了解党的现行惠民好政策,了解祖国的发展与强大。例如:党的两个一百年奋斗目标、一带一路、脱贫攻坚、路网建设、科技强国、抗击疫情等。有效增强少先队员的光荣感和组织归属感,激发队员们的爱国热情,为自己生长在这样的国度而骄傲、自豪!

二、选题与策划

1.高立意低视角,主题切忌"大而虚";突出一个"小"字,落实一个"实"字。我曾问一个参加队课比赛的辅导员:"你这次队课的主题是什么,主要想解决什么问题?"老师说:"做新时代好队员,解决为谁学习的问题。"这个主题站位很高,但却非常的大而虚。这样的主题是一个时代的主题,不是具体的可触摸的一节队课的主题,没法切入。一节普通的队课是解决不了为谁学习的问题的。这也是一个终身的问题,一个时代甚至跨时代的主题,一

个国家教育的主旋律问题。所以在选择主题的时候,立意要高,但视角要低,一定要切合学生的年龄特点、认知特点、学段特点、班队特点等。通过一个具体的问题,提炼一个教育主题,达到一个具体的目标。日久天长,一个个小的目标,就汇聚成大目标,最终达到做好新时代好队员的引领目的。比如,文明有礼、友善相处、诚实守信、孝老爱亲、劳动能手、从小做公益、知法守法、走近伟人、寻访老英雄、认识"一带一路"、"数"说脱贫攻坚等。

2. 低立意低视角,内容切忌"偏而杂"。从内容选择上来讲,一定要贴近生活、贴近社会,比如选择学生成长过程中思想、生活、学习等习惯养成中普遍存在的问题。一次少先队活动,原则上选择一个内容作为切入点,并且这个内容是现实的、具体的、可视的、可抓的。我们不反对几个篇章,但是所有篇章一定要围绕一个主题,或者是一个内容、一个切入点层层递进,而不是多个篇章、多个内容。在我们的教育教学实践中,实际上存在着诸多现实的琐碎的问题。这些问题虽小,却非常困扰我们。例如:现在的城市中小学生,课间喝奶时存在诸多问题:奶喝不完、包装吸管的塑料纸袋不易完整地拆解、空奶盒回收不齐、码放不整齐等。解决类似问题,就需要低站位、低视角,从养成习惯和提高认识等方面着手。

3. 丰富而有趣,形式切忌"简而单"。主题和内容确定了,活动的形式,要丰富而有趣。例如,队活动的展示汇报环节,几个小队同一个形式汇报,这就算是形式简而单。实物、图片、手抄报、思维导图展示,谈感受用快板,畅想未来用诗朗诵、歌舞等丰富多样的形式,而且这些形式都是围绕一个主题从不同的侧面来解决问题的,这样队活动才能有意思、有意义,孩子们才喜闻乐见。但是这里说的丰富多彩,不是只注重形式,一切形式都是为内容服务的。所有的形式都要围绕一个主题,形成环环相扣、层层递进、螺旋上升的态势。

三、组织与建议

1. 注重活动过程,让队员们广泛参与,深度参与。辅导员老师要定位准确,我们只是活动的指导者,学生才是活动的主体。我们的任务就是要以人为本,不断激发学生的潜能,充分调动孩子们的主观能动性,指导他们自己结对子,自己查资料,自己调查走访,自己准备展示形式,在这一过程中受到教育,增长才干,这才是我们组织少先队活动的最终目的。展示只是一个平台,通过展示,督查学习效果,形成比赛、竞争、赶超的氛围,激发队员们热爱少先队,增强对少先队的荣誉感。特别是高年级,要放手让孩子们去策划、组织,让他们全员、全程、全方位参与,在参与中去体验、感悟、总结,提高实

践能力、思考能力和解决问题的能力。

2.注重研究的过程,给辅导员搭建一个成长的平台。少先队活动策划与组织是辅导员必备的基本功。不少年轻的老师不知道少先队活动怎么开展,为什么开展少先队活动。所以,我们的队活动也要一起研磨,成立研课小组。组长或联队辅导员带领所有辅导员老师,全员、全过程参与。在参与的过程中不断地互助学习,接触新的事物,更新自己的教育教学理念,全面提升自身素质,激发工作热情,保证少先队活动更好地开展。

3.少先队活动的组织实行项目化。成立项目组,由项目负责人牵头。打好提前量,学期初或者学年初通过项目招标的形式把任务固定到人、班组(或者叫作项目组)。比如说建队日活动、入队课程、毕业课程、特殊的节日课程等。可以以学年为周期来谋划,提前建立项目组,进行研磨与组织。

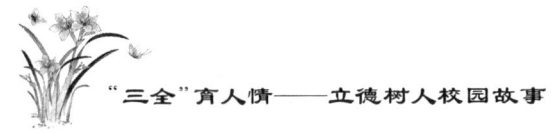

"三全"育人情——立德树人校园故事

厉行节约,从小做起
——记一次主题班会课

范利娟

改革开放以来,随着大多数人民生活水平的日益提高,勤俭节约的传统观念似乎已被人们抛在脑后,无论在社会上还是家庭中,餐饮浪费现象着实令人触目惊心。

为培养孩子们的节约意识,我们专门召开了以"光盘行动,从我做起"为主题的班会,旨在让学生们进一步了解社会上存在的铺张浪费现象以及贫困地区缺少粮食的艰苦现状。通过活动激发孩子们厉行节约、珍惜粮食的思想感情,并且激励队员做厉行节约、光盘行动的实践者、传播者。

当我在班里说出这个活动的提议和宗旨以后,得到了全班学生的热烈响应,他们一个个热情高涨、跃跃欲试。经过集体商议讨论,在中队长吴优的带领下,孩子们又自觉分组,成立了"阳光小队""雏鹰小队""希望小队""飞翔小队"等四个活动小分队。他们分工合作、各司其职,决定通过以搜集资料、拍摄照片、制作宣传画、排练节目等形式完成这次主题活动。

课下,孩子们以极大的热情迅速投入了准备工作。他们想尽一切办法搜集整理相关资料,询问家长以及公园里的游人,了解他们对当前餐饮浪费现象的看法;走访餐厅,拍摄、记录一些不和谐、不应有的铺张浪费现象;制作手抄报、宣传画等,向人们宣传光盘行动、厉行节约的必要性和重要性。

主题班会上,各小队的队员们一一汇报了自己的活动成果。"希望小队"的孩子们还自己编排了优美的歌舞《锄禾日当午》,当"锄禾日当午,汗滴禾下土。谁知盘中餐,粒粒皆辛苦"这首孩子们耳熟能详的古诗以歌舞形式出现时,孩子们个个都在凝神静气地欣赏着,最后不由自主地跟着音乐的旋律唱和起来。从他们严肃认真的小表情里,我分明看到了他们珍惜粮食的决心。"雏鹰小队"的快板节目《我是一粒米》《节约粮食记心上》,也以精彩的艺术形式展现了粮食来之不易的构思。

整个班会的汇报过程,氛围时而热烈、时而凝重。分享收获时,孩子们一次次为同学们搜集到的资料而震惊、顿悟,纷纷为粮食物的来之不易所触

动,为人们对食物的浪费而惋惜,更为贫困地区的儿童而心痛!"飞翔小队"的程嘉惠同学眼含热泪、无比心疼地说:"今后我一定做到节约粮食,不浪费。因为这样或许就可以救活一些非洲的小朋友,使他们不再像现在这么瘦弱!""阳光小队"的纪广润也说:"困难地区的儿童真可怜!我们的生活真幸福!据说,如果我们每天减少浪费5%的食物,就可以救活400多万的饥民!所以我一定要节约粮食!"边奕丹同学还给大家讲了《勤俭节约的习爷爷》的故事,同学们听了更是深受感动。

  这次活动课内容丰富多彩,孩子们一个个都被深深地打动,纷纷下定决心要做光盘行动的实践者和传播者。最后,主题班会在孩子们宣读的"光盘行动"倡议书中结束了,但我相信,那铿锵有力的声音会久久地在孩子们心中激荡……

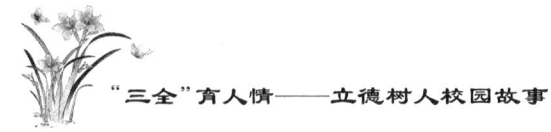

"引爆"班级的潜能

佘玉玲

这是全年级较特别的班,女老师上课时学生们起哄,老师上台被搅乱阵脚,尤其是几个男孩下课总是调皮捣蛋,提到班级的学习成绩,各科老师总摇头。轮到我已经是第三任班主任了,各科老师见了面,免不了说:"这个班有几个学生软硬不吃,没治!"经过初步了解、分析,这个班级的现状是"乱",没有班级目标。打仗、起哄、不写作业,坐不住。争强好斗,是这个班级同学的一个突出特点。如果我能利用他们好动、好强、好斗的特点进行有效的引导,侧面教育,也许能扭转班级局势。

学校要举行秋季运动会,其中一项是拔河赛,这是一个机会! 一节语文课上我特意节余了五分钟,对孩子们进行会前总动员。我先用激将法说:"下周进行年级拔河赛,咱们年级14个班,其他班鼓着劲要争第一,咱们班不是他们班的对手,这次就放弃吧。"我边说边偷偷看看身高劲儿大、争强好胜的王峰同学,他的脸上明显露出了不服的神情。见我没注意他,便回头和常与他在一起玩的几个调皮捣蛋的男生紧握拳头,互相努努嘴巴。我这时心里有底了,就火上浇油,故意夸大说:"(3)班、(4)班、(7)班的同学劲头十足,力量总能用在正地方,可厉害了! (1)班、(6)班、(10)班的同学团体意识强,拧成了一股绳,势不可当……""佘老师,整个年级比个子、比力气还真没有谁能赢过我呢!"王峰红着脸喊了一声。"班里就你这么一条好汉,管什么用啊?"我故意问,他忽地站起来一抬胳膊:"敢参与的同学,站起来!"

只听桌椅噼里啪啦一阵响,十几个虎头虎脑的男同学,各个瞪大眼睛,捏紧小拳头,虎视眈眈地从座位上站起来。成功啦! 我心里一阵窃喜。赶紧抓住时机,鼓励他们积极参加班集体活动的热情,大力表扬他们为班级勇于争光的劲头。我这一番热情洋溢的称赞,使得跃跃欲试的小家伙们抿嘴直乐。我顺势而行,非常信任地把选拔参赛权力"下放"给了王峰,他真有点儿受宠若惊,欣然接受了这个"美差"。课下他层层挑选男、女生队员,教给他们比赛的"妙招",真可谓用心良苦。拔河比赛时,王峰带着队员,力战群雄,想不到真得了年级第一。他们一个个挥汗如雨,虽然灰土满面,但胜利

后的喜悦挂在嘴角,自豪洋溢眉梢,得意极了!我又抓住这可贵的第一步,决定在他们的第一步上,再做一次文章,让他们再次品尝成功的快乐,"引爆"他们的自身潜能,增强自信心。

"同学们的潜能可太大了!要是比力量、比打架,佘老师教不了你们,回家可以和父母商议去少林寺。咱们现在是学生,必须以学习为主,好的成绩才是自我炫耀的资本,咱班考试成绩总不能每次都倒数第一吧?能不能把倒数第一的帽子摘下来?或者整个倒数第二?"这话就像扔了个炸弹,在全班爆炸了。有的说:"拔河得了第一,学习进一个幅度没问题!"有的说:"我就不信那劲儿,学!加油!"有的说:"别的班级的同学也不比咱多个脑袋,进倒数第二不行!往前撵!"看来我说把名次提到倒数第二,有点伤了这群小老虎的自尊心!我心中热乎乎的,整个身体的血液似乎在燃烧。

抓住班级的潜能最佳点,"引爆"激发,真的收获多多。

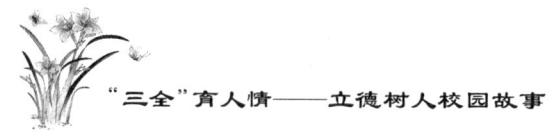

小毛虫成长记

李秋杰

"多彩的社团开始活动喽!"每个周三下午的社团活动课,都是孩子们最开心、最兴奋的时候。参与其中,让我这个年近五十的辅导员老师倍感惬意,心也变得欢快而年轻起来。

这次活动的主题倍受孩子们的青睐,"为自己的社团起个有趣的名字,并设计一个个性 logo"。哇,孩子们兴奋起来了,内心创意的"小火苗"仿佛在一瞬间被点燃,个个讨论得眉飞色舞,兴致勃勃。瞧,这个小队的队员们绘声绘色地画了起来,一双小手捧着一颗红心跃然纸上,美其名曰"爱心小队";那边的队员也不甘示弱,三笔两笔就描绘好了憨态可掬的卡通人物图像,名字也是妙趣横生——"萌萌哒小队"。

在孩子们的惊呼声中,我走进了一支由班级"佼佼者"组成的队伍,哇,果不其然,名字起得十分霸气,"恰同学少年"着实有几丝励志与豪迈的味道。见我走来,班长王淼便开始了激情四溢的即兴解说:"我们小队的名字取自毛泽东主席的诗词,我们要从小立下远大志向,像伟人那般奋进拼搏,意气风发地激昂前行。"霎时,掌声雷动,激情久久地在每个同学的心中升腾。

继续分享孩子们的精彩,继续找寻成长的美好,这时我发现了角落里的几个小脑袋,他们闷声不语,正低着头默默地画着。我轻轻地走上前去,哦,是这几个"小不点",一向不爱言语的刘晓,性格有些孤僻的陈东,还有动作总是迟缓的林苗苗。我生怕惊动他们,悄悄地凑上去,静静地打量着他们设计的 logo,原来是三只小小的毛毛虫正在奋力地爬啊,爬啊……忽然,我鼻子一酸,心里颇有一分感动,好细腻的孩子,看来他们一定是把自己比作了不起眼的毛毛虫。啊,他们抬头发现了我,霎时,我们目光相对,三个孩子不好意思地笑了。

"老……老师……老师,我们不够优秀,就像毛毛虫一样,但我们每天都在努力,向着前进的目标爬去,可惜……可惜,我们爬得太慢……太慢……"其中的刘晓压低声音轻轻地说。"孩子,别怕,别怕,慢慢来,只要不灰心,只

要不放弃,都能一步一步接近自己的目标,老师、同学都是你们坚强的后盾哟!"我握着拳头,极力为三个孩子加油打气。

兴许是有了老师的鼓励,三张小脸溢满阳光般的笑容,文静的林苗苗兴奋地说:"毛毛虫还能破茧成蝶呢,说不定我们也会成为飞舞的花蝴蝶。""是啊,孩子,每个人的成长都会迎来想不到的惊喜,只要努力,谁都可以创造奇迹。"孩子们爽朗的笑声久久地飘荡在校园的上空。

其他的孩子也闻声赶来,细细地打量着"毛毛虫",我语重心长地告诉大家:"孩子们,做一只小小的毛毛虫又何妨?只要一步一个脚印地爬行,都会迎来化茧成蝶的精彩时刻,请记住,风儿记得每条虫儿的成长。"恰巧,一阵和煦的微风吹来,幸福的涟漪在我们师生彼此的心底荡漾。

是啊,日子每天都是新的,每个孩子都有着不一样的成长经历,有着不同的性格、爱好,有着不同的智能发展,有着"恰同学少年"的叱咤风云,也有着"毛毛虫"的平平淡淡,即使孩子是条"毛毛虫",在松软的泥土中慢慢地爬,我们也不能剥夺"虫儿"的快乐,不可忽视他们的"成长"。

携手一只只"毛毛虫",让我们为人师者的心儿静下来,脚步慢下来,一切都会风轻云淡,一切都会春暖花开。

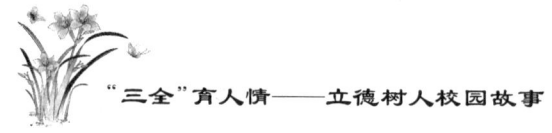

小习惯　大收获
——记一次队课有感

付迎敏

"少成若天性,习惯如自然。"意思是说一个人在年少时养成的习惯,就像人天生的一样,难以更改,影响终身。小学生是祖国的花朵,是祖国未来的建设者和接班人,所以必须养成良好的行为习惯。尤其是刚入学的一年级的孩子。

良好的习惯可以让人受益终生,坏的习惯却有可能毁掉人的一生。我想让孩子们把好习惯的种子放在心里,让它在心中生根、发芽。

大课间孩子们喝奶时总会出现一些不好的现象,如:奶盒乱扔、奶喝不完就扔等。我利用队课跟孩子们讨论喝奶时做哪些是不对的、应该怎么做,孩子们畅所欲言,发表自己的看法,最终我们达成了一致的看法并编写了一首喝奶歌。课堂上孩子们还现场展示了加餐喝奶时应该怎么做,如:奶没有发到手里时耐心等待;喝奶时不慌不忙;奶要喝干净不浪费;喝完奶,奶盒拆开,四角展平,规规矩矩放框里,等等。之后每个孩子在喝奶时基本都能遵守我们的约定。

有次开会时石老师提到学校10月份的电费花费了一万六千多元钱,之后我让孩子们留意学校和家里浪费电的现象,并针对这样的浪费现象提出自己的看法和建议。孩子们积极踊跃,纷纷发表看法。如:光照充足的时候把班里的灯关掉;下课了及时关灯;上体育课、升旗仪式的时候把灯关掉;在家里,睡觉的时候要关灯;家里的空调、洗衣机等家用电器不用的时候及时断电;外出旅游的时候关掉总闸,既省电又安全。

班里5个社团的孩子制作了各种各样的节约用电宣传标语分发给其他班级。活动过后,孩子们及时关灯、断电的意识逐渐增强。在节约用电方面养成了良好的习惯。

我们的生活中离不开电,更离不开水。水是生命之源。但是在学校和家里仍然常有浪费水的现象发生。针对这个问题,我利用队课让孩子们说说自己平时看到的浪费水的现象,以及了解了水资源的重要性之后我们应该怎么做。孩子们畅所欲言,针对各种水资源浪费现象,以及自己平时应该怎么做做出了一些约定:洗完手及时关水龙头;挤洗手液的时候也关上水龙头;关水龙头的时候要关紧;用洗手的水洗脚,用淘米的水浇花、冲厕所,一水多用。自律社团的小朋友带来了《节约用水三句半》,制作了节约用水logo,提醒大家平时节约用水,倡导全校师生行动起来为节约水资源奉献自己的一分力量。

之后,针对平时的读书、听课、路队等各方面应该养成什么样的习惯,小组之间展开了讨论并做了约定,如:早睡早起;上课认真听,积极发言;上体育课、站路队、升国旗集合的时候做到快、静、齐;文明讲话,不说脏话;爱护花草和公共财物;讲卫生;不高空抛物;上厕所的时候轻声慢步;不带零钱,不买零食;等等。

小圣贤社团的小朋友还带来了《好习惯养成快板》节目,提醒大家习惯的重要性。

作为人生才起步的小学生,如花蕾,似朝阳,无论是日常生活中的节约水电,还是课间的喝奶好习惯、课堂上的听说读写等,都应该从身边的小事做起,从一点一滴的言行举止进行培养,播种好习惯,相信做到这些,在学校这片"正气、大气、雅气"的沃土的滋养下,孩子们一定都能成为儒雅少年,收获不一样的人生!

今又重阳　不同往常

郭海霞

农历九月初九是我国的传统节日重阳节,重阳节又叫"老人节",尊老、敬老是中华民族的传统美德。重阳节带给我们的不仅是登高、赏菊、吃重阳糕等习俗,还有另一种信息——老年人更需要爱,需要健康、快乐,需要被关注。创建一个爱老、敬老、养老、助老的氛围,需要全社会的参与。

岁岁重阳,今又重阳。如今的重阳节增添了"尊老、敬老、爱老、助老"的内涵,很大程度上,它成了一种"孝道文化"的传承与弘扬。儿童是祖国的未来。为了引导广大少年儿童孝敬父母、尊敬长辈,学会感恩,为了更好地从小培养他们尊老爱老的优良习惯,树立良好的道德观,在重阳节到来之际,我们组织开展了"浓浓重阳情　深深敬老意"重阳诗会活动,孩子们用他们自己独有的方式表达对爷爷、奶奶等老人的关心和爱戴!

常怀饮水思源心,常怀敬老爱老情。一首古诗吟诵——《游子吟》让人仿佛看到了那个看似平常的游子临行前母亲为其缝衣的场景,深情地歌颂母爱的伟大与无私。手语表演《感恩的心》和诗朗诵《感谢您》,以特殊的方式表达了孩子们对长辈们感恩的心声。

尊老敬老,弘扬孝道。小品《孝敬老人是人间正道》和手语表演《中华孝道》的精彩呈现,让同学们把中华孝道记在心间,继续传承。

九九重阳节,孝亲敬老日。戏曲社团的戏娃娃们表演了《抬花轿》,孩子们用可爱的动作和优美的唱腔打动了在场的每一个人。

重阳那抹橘红,绚丽了天边的彩霞,也点燃了我们满怀的激情,李道炫和他的妈妈带来的诗朗诵《祖国啊,我亲爱的祖国》,掀起了本次活动的高潮,他们高昂深情地朗诵,道出了作为一名中华儿女的骄傲和自豪!

"莫道桑榆晚,为霞尚满天""最美不过夕阳红",关爱今天的老人,就是关心明天的自己。百善孝为先,愿我们的活动能给老人们送去欢欣,愿每一位老人都健康、快乐,安享晚年;也愿尊老爱老的传统美德不断地传承、发扬光大!

"孩子的心灵是一块神奇的土地,播下思想的种子,就会获得行为的收获;播下行为的种子,就会获得习惯的收获;播下习惯的种子,就会获得品德的收获;播下品德的种子,就会获得命运的收获。"本次活动不仅让少年儿童进一步了解了"重阳节"这一中华传统节日的内在价值,还大大增强了他们的社会责任感,使他们在精彩的活动中学会理解、尊重和孝敬老人。

　　发扬传统、继承美德,懂得感恩、学会孝敬。愿我中华少年人人做到尊老敬老、知恩图报!

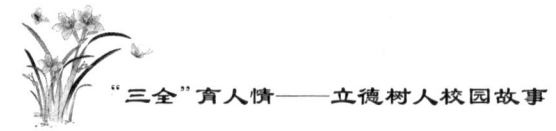

课前小剧场

张 玮

读《魏书生教学工作漫谈》这本书,感动太多,要学的太多,要反思的更多。其中,有这样一篇故事——《课前陶醉在一支歌里》,当我第一次看到这个题目时,便被深深地吸引住了。

魏老师文章的开头是这么说的:"我们班的学生爱唱歌,从1979年开始一届又一届的学生都爱唱。每年都唱,每月每周每天都唱,甚至每节课前、自习课前都唱一支歌。"一个语文老师这么重视唱歌,为什么?正如魏老师说的:学生课前全身心地投入课前一支歌中,好处是多方面的。第一,能提高学生的注意力。第二,能增强学生的想象力,使学生学会将文字符号变为色彩绚丽的图像,甚至变成生动可感的场景。第三,有利于陶冶学生的情操,提高学生发现美、感受美、热爱美、追求美的能力。第四,能使学生感受到是处于一种兴奋愉悦的状态,为提高学习成绩服务。第五,最直接的效益是有利于唱一支歌之后那节课的学习。全身心地投入一支歌之后,排除了不利于课堂学习的情绪,使干扰课堂内容的信息得到了抑制,课堂学习效率当然会提高。

这么好的方法,我也跃跃欲试,可是,二年级小朋友能唱下来的歌曲实在是太少了,怎么办呢?我想到了以前跟张茹珂老师学到的一个小妙招,虽然内容不同,却有异曲同工之妙。上学期,我们班利用每节课的课前时间,每天接续读完了一本少年版《西游记》。

因为当时我刚接这个班,数学老师也有调整,整个班级纪律涣散,学生有些浮躁,别说课堂上摁住这个拉不住那个,就连课前准备想要安静地组织起来都很困难。有一次无意间听到张老师说她们课前会读一些小故事,就是这句话让我有种茅塞顿开的感觉。是呀,回想一下,每次课堂上最安静的时候恰恰是我读课文、读阅读短文的时候,根本不用组织课堂,听到朗读的声音,孩子们不约而同地就突然静了下来。这个年纪的孩子特别爱听故事。于是,我就开始效仿这个小妙招了。

本来,我选择的是《伊索寓言》这一类的单篇故事书,但常常是这节课读

了,下节课就忘记读到哪儿了,于是就随手翻一篇读,后来想想这样不好,太随意了,应该更有仪式感,最好能成为我们班的常规。于是,就挑选了有趣的《西游记》,一个故事接一个故事,像我们听评书、看连续剧一样,听完这段,还想听下段,欲罢不能。于是,每次语文课前,只要我一靠近班门口,大家都招呼着其他人:"快进班!快进班!《西游记》要开始了!"这个时候,我就使出浑身解数吸引孩子们,我努力变换着各种语调模仿一本正经的唐僧、机灵的孙悟空、贪吃的八戒,甚至加上肢体动作,反正就一个目的,让孩子们的视线都不舍得从我身上离开。所以很多时候读完一个故事,孩子们仍不满足,强烈要求我再来一个,可见大家都已经深深地陶醉在里面了。我偶尔会满足他们"再来一个"的要求,但是大多时候,我会趁机跟他们谈条件:"如果这节课大家注意力集中,我们的课堂任务说不定就能提前完成,那剩下的时间就是我们的《西游记》时间啦!有信心提前完成吗?""有!"全班的学生都腰杆挺直,齐声回答,像一个个准备冲锋的小战士。就这样,这节课轻松、愉悦、注意力集中的氛围已经营造起来了。除了课堂受益,一本《西游记》读完,大家对这部名著里的故事都了解得差不多了,甚至有同学在寒假时让妈妈给买了原版《西游记》,可见,这本书已经走进了大家心里,对培养孩子们的阅读兴趣也颇有益处。

二年级的下学期,我们班又接续读了《三国演义》。当时,班级恰好已经有两个孩子提前读过,对三国的故事烂熟于心了。我便试着把课前小剧场的主动权放给孩子,让他们帮我分担,既锻炼了他们的能力,也为课堂培养了良好的情绪和专注力,更激发了大家对经典名著的兴趣。

微笑招呼,友善待人

邵丽飞

友善,是中华民族的优良传统,是公民基本道德规范之一,对学生实行友善教育是德育工作的重点。为此,必须从一年级抓起,养成"微笑招呼,友善待人"这样的好习惯,希望能通过这样的活动让学生了解什么是微笑招呼,为什么要友善待人,懂得怎样做才是一个友善的人,学会相逢微笑打招呼,学会友善对待同学。

当我说完这个活动的建议和宗旨以后,全班同学积极响应,他们以社团为单位,积极参加每一次组内的活动,全班分成五个小组,有的小组以手抄报的形式去展示;有的小组以歌舞的形式去展示;还有的小组自发组织去敬老院、福利院,去关心、帮助那些需要帮助的孩子,为老人们梳头、唱歌、跳舞、排遣孤独与寂寞……他们在家帮助爸爸妈妈打扫卫生,刷锅刷碗;在校及时帮助每一个需要帮助的同学,看见老师及时微笑问好;在外帮扶老人过马路,帮比自己年幼的孩子……他们通过拍摄照片,制作宣传标语、手抄报,排练节目等等展示了自己的友善。

同学间的团结友善创建了我们这个优秀的班集体。希望越来越多的良好品质在我们每一个人的心中生根,发芽,开花。虽说"金无足赤,人无完人",但我们每一个人都在成长的道路上有意或无意地让自己更加完美,想得到更多人的尊敬和喜爱。我相信你们能够挑战自我,战胜自我,完善自我,超越自我。我相信你们能够诚实做人,团结互助,善待他人,快乐自己。

第五部分 活动

为自理能力洒上"催化剂"

佘玉玲

放学的路队刚到止步区,只见王瑞的父亲接过孩子的书包,蹲下身子给儿子穿鞋、系鞋带。每当看到这样的情景,我心中实在不是滋味。

课下,我采用谈话、问卷等形式,对全班学生平时的自理问题进行了一番调查。有些独生子倍受娇惯,自己的事情不会做;有些爸妈外出务工,孩子跟着爷爷奶奶生活,老人把孩子自己的事统统代做了;还有一部分进城做生意的父母,把孩子送到午托班、周托班,孩子衣来伸手、饭来张口,任何事都用不着做……整理书本、叠被子、洗衣服,甚至戴红领巾、系鞋带这些简单的事情,许多孩子都不会做。我要设法解决,要在孩子自理能力上洒些"催化剂"。

周五的队会,我向队员们宣布:"下周队活动课要进行物品整理、系红领巾、系鞋带比赛。形式分为个人和小组,准备时间是一周。"我的话音一落,各小组组员不约而同地把目光投向了自己的小组,七嘴八舌地说着自己的打算和决心。平时邋遢的王瑞是个"困难户",放学后,我把王瑞留下,问他:"你怎么样,有没有困难?"他似乎觉察到了我的意图,沉思了好一会儿,坚定地说:"老师,放心吧,我努力,不会影响大家的!"与此同时,我又与家长们取得联系,把意图说清,希望征得家长们的配合。王瑞奶奶说:"孩子这几天做事可勤快了,他的事不让管,俺想帮忙,他说自己的事情自己做!在家里一遍遍地练习佩戴红领巾、系鞋带。"在学校,大课间他还主动演示给大家看,并帮助其他同学纠正,这一周对他来说多么紧张而有意义呀!他要用自己的努力去迎接竞赛的胜利。队会那天王瑞坐在座位上信心十足,得意的神情使我感到高兴。

个人比赛开始了。只听班长喊了一声:"预备,开始!"队员们就立刻行动起来,我偷偷地看了王瑞一眼,他还是比别的同学都紧张,但很快镇静下来了。大家终于按要求完成了戴红领巾,有序摆放物品,平整桌罩的竞赛项目。每组学生就像等待检阅的方阵一样,精神饱满,井然有序。

小组比赛时,王瑞整理桌面、书本较好,但在穿鞋、系鞋带环节,其他队员以最快的速度完成后走到讲台,而王瑞在穿鞋带时怎么也穿不上,原来是他那本来就不听使唤的手由于紧张更不听使唤了,哆嗦得十分厉害。队长丁浩喊了一声:"稳住!"他又咬了咬牙终于镇静下来。几天的勤奋练习没有白费,紧张中完成了任务,他们取得了小组赛第三名,他也算为小组争了光。

为孩子们的自理能力洒上点"催化剂",就能慢慢实现老师和家长想要达到的目标。

我劳动 我光荣
——我是值日小当家

王红震

现在的孩子都是父母的宝贝,他们习惯了衣来伸手,饭来张口。在班里,有些孩子随手扔纸、甩墨水等破坏卫生的行为时有发生,老师帮忙打扫时,有的学生竟视而不见。

针对这种状况,我以培养孩子的责任心和劳动意识为出发点,让他们懂得尊重、珍惜别人的劳动成果。结合实际,开展多种活动;围绕"劳动"这个主题,运用演讲、读名言、讲故事、演情景剧等形式,使他们从中懂得劳动是光荣、美好的。引导孩子爱上劳动、快乐劳动,关键在于参与到班级的劳动实践中去,如合理分配值日,责任到人;精心设计有意义的劳动项目,如电脑管理员、门窗负责人、摆放小卫士等,分工合作,人人有岗,自我管理,特别是"我是值日小当家"活动,最受同学们欢迎。"我是值日小当家"即每天一人值日,观察一天卫生状况,放学时随同值日生一起劳动,主动发现问题,然后把一天的生活体验、独特收获、心得体会及发现和观察到的问题等认真记在班级值日本上。第二天上课前三分钟汇报,同学们都敛声息气,听得很认真,因为是出自同学之口,是他们自己真实的生活,事例更鲜活。听到值日生表扬某个学生物品摆放整齐,孩子们送去掌声;说到有的同学桌斗里有一团团皱皱的擦鼻涕纸,被说的学生脸立刻红了;说到值日生辛苦下楼送垃圾的情形,大家点头称赞……"我是值日小当家",让同学们更多地知道了身边同学爱劳动的故事,感受学习劳动的乐趣,懂得劳动品质是多么可贵。

"我是值日小当家"这一活动的持续开展,启发教育了每一位同学。我们都是班级小主人,人人都应该做好值日,把教室打扫干净,这样老师、学生都能开心地学习、生活。劳动光荣的思想浸润孩子的心灵,鼓励学生在校积极做值日,在家主动帮助父母做家务,同时养成良好的个人卫生习惯。就这样,在班上定期评选的"优秀值日生""卫生小明星"越来越多,热爱集体热爱劳动的好品质已在学生们心中生根、发芽。

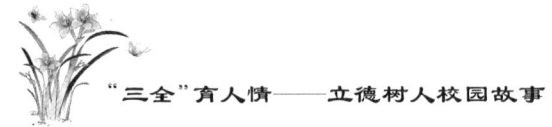

清洁家园大家行

陈 瑶

劳动是每一个公民的光荣职责。热爱劳动是一种高尚的道德品质,是小学阶段教育的重要任务之一。为了顺应这一总趋势,我校在劳动教育方面开展了"两承包一体验"活动课程:"两承包"是指每个孩子必须承担一项班级劳动和一项家庭劳动;"一体验"是指每个孩子要承担一项社会劳动。为了真正落实社会劳动体验,老师和孩子们纷纷走上街头,开启了清洁家园、文明指挥交通等社会活动。

2020年8月4日,这是孩子们期待已久的日子。在这一天,我们三年级(7)班58名同学和部分家长朋友齐聚永乐社区,开展"清洁家园大家行"社会劳动活动。早晨8点,孩子们已经迫不及待地等候在校门口,他们个个意气风发,我热情地走到他们跟前打招呼,孩子们蜂拥而至,激动地说道:"老师,我带了把小铲子,用来铲墙上的小广告。""老师,我带了个小水桶。""老师,我带了把扫帚。""老师,我还带了喷壶。"看到孩子们齐全的清洁工具,我也鼓足了干劲儿,准备和孩子们一起大干一场。从孩子们散发着光芒的眼睛里,我看到了他们对这次劳动活动的渴望。

班长整好队伍之后,孩子们伴着响亮的口号,向永乐社区进发了。他们身着红色的志愿服装,整齐划一地走在大街上,在阳光的照射下,这片红色,是那么的夺目,那么的耀眼,此刻的他们,就是这条街上最亮丽的一道风景。

到达指定位置之后,孩子们开始自由结合成二人小组,你来扫地我来倒垃圾,你来喷水我来擦洗,墙壁上、楼梯间、柱子上、房门上等,随处可见的小广告被孩子们清理得干干净净,当一张张小广告被揭下来的那一瞬间,孩子们获得了满满的成就感,脸上不由自主地溢出了幸福的笑容。为了彻底清理这些小广告,同学们有的趴着,有的跪着,够不着了就踮起脚尖,豆大的汗珠从孩子们脸颊滴落下来,虽然辛苦,微笑却一直挂在脸上,从他们专注的眼神里,我感受到了孩子们的收获与成长。

孩子们够不着的地方、无法自行解决的地方,都由我们随行的家长志愿者们辅助完成,在与孩子们合作解决问题的过程中,也拉近了他们之间的感情。这种"亲子活动",让他们彼此走得更近,彼此多了一分理解。

在这次清洁家园的活动中,五个社团的团长分别带领自己的团队清理不同的楼栋,在一个半小时的劳动活动结束后,他们各自在自己的清洁区域前合影留念,笑得一个比一个甜,从他们的灿烂笑容里,我读出了一分感动。这次活动,让孩子们从中体会到了劳动的快乐,也感受到了保护家园环境的重要性。在劳动活动结束后,孩子们主动将志愿服叠得整整齐齐,这一摞摞整齐的红色志愿服,是二实验文明的缩影。

劳动活动结束后,我抬头仰望天空,蓝天与白云交相辉映,此刻的校园,美丽极了。这次劳动活动不但培养了学生的劳动习惯和能力,也让他们感受到了劳动者的辛苦。他们的劳动实践,让文明的乐曲在中原大地上律动。

我和小苗共成长
——实践活动课有感

王悦丽

开学初我给孩子们一起约定,种下一颗自己喜欢的植物种子,一个月后看看谁的小苗长得最好。一个月后的课堂上,我看到了小苗和孩子们一起成长的精彩。

走进教室,看到孩子们的课桌上都摆放着自己种植的小苗,一张张小脸上是掩饰不住的激动:有的低头细看,有的相互谈论,还有的轻轻触碰……

看到一盆盆的绿色和孩子们的兴奋,我大声宣布"晒晒我种的小苗"活动现在开始。作为孩子们的老师和活动的组织者,活动前我先在班上展示了自己种的蒜苗。虽然才5棵,但长势还不错,我给孩子们说过两天我就能做蒜苗炒鸡蛋了,在欢乐的氛围中我们的活动正式开始。

第一个环节是展示与欣赏环节,我让孩子们离开座位走一走、看一看,去欣赏一下别的同学种的小苗,了解别人种植的过程,问问他们种的是什么,种了多长时间。话音一落,孩子们快速走离座位,到这儿看看,到那儿瞅瞅,叽叽喳喳地问个不停。

看,陈继科那儿的同学最多,他的花生苗茁壮有力,怪不得吸引了那么多同学。孙家和的小麦苗也让很多同学围了过去,郁郁葱葱,像一片小树林,真好!还有李亚楠的向日葵,虽然是一枝独秀,却翠绿得惹人喜爱……

欣赏完别人的小苗,孩子们还是意犹未尽,好像有说不完的话。于是,第二个环节我让孩子们在小组内交流,看看谁讲得最好,评选一名最优秀的讲解员,代表小组上台展示并解说。

第三个环节就是小组展示擂台赛,看看哪个小组推选的成员最会表达,能把自己种植的过程讲述得最清楚、明了,夺得最佳表达奖。

王可言上台了,这个孩子平时就很善于表达,课间总能听到他和同学们说自己的趣事。

"刚开始我种的是辣椒种子,可是过了好几天都没动静,妈妈说要换个种子种,我不答应,非要再等等。可是一个星期过去了,还是没发芽,我只好又换了菠菜的种子。现在大家看到的就是我种的菠菜,妈妈说阳台是它最喜欢的地方,我就把它放到了阳台上,每天我都会照看它、观察它,我还给它起了名字叫大力士菠菜,我喜欢我种的菠菜。"

他一口气说了这么多,还说得这么详细,博得了大家的掌声,被小评委打了10分的高分。

接着上场的是最受大家欢迎的陈继科,因为他说话幽默,种的花生大家也喜欢,都想听听他的经验。

"接到王老师布置的活动任务后,我和妈妈就开始种了,种下去四五天就发芽了。刚开始小芽很小,没过几天就长大了,还长出了几片叶子。你们看,才一个月,我的花生苗就这么大了,多好看呀!等过一段时间,结出了花生,我和大家一起分享!"

他的话赢得了大家的掌声和欢呼声。

刘泉亮介绍了他种的蒜苗,我说你可以炒一大盘蒜苗了,孩子们哈哈大笑。

李湘萌介绍了她种的白萝卜,萝卜缨儿像绽开的花朵,真漂亮!她还告诉大家往水里放一些棉花,白萝卜会长得更好,这是妈妈告诉她的。

…………

最后一个环节是写一写,写下自己种小苗以来最想说的话:

我喜欢我的小苗。

我爱我种的每一棵小苗。

虽然我的小苗还小,但它会慢慢长大。

看到我的小苗长大了,我非常开心。

小苗在长高,我也在长大。

…………

是啊,一次小小的种植体验活动,不仅让孩子们收获了知识,了解了自己种植的植物的特点,感受到了种植的快乐,也培养了孩子们的责任心和观察力,这是多么有意义的事情啊!小苗在成长,孩子们也在成长,希望孩子们能像小苗一样充满活力地成长。

感恩父母 拥抱亲情

马静静

"感恩"是一种生活态度,是一种品德,如果缺乏感恩之心,人与人之间必然会冷淡,所以,每个人都应该学会"感恩",这对于学生来说尤其重要。孩子现在都是家庭的中心,平时只知有自己,不知爱别人,所以,要让学生学会"感恩",其实就是要让学生懂得尊重他人。对他人的帮助时时怀有感激之心,让孩子知道每个人都在享受着别人的付出,这种付出给自己带来了生活的便利。

我曾经在班里发现一些普遍现象:一些家长帮学生背着书包接送上下学;给孩子过多的零花钱,学生用这些钱买零食、买玩具,而家长稍有一点没满足孩子的要求,他们就会出现大吵大闹的现象;还有一些同学把妈妈的叮嘱和关爱当作唠叨和烦恼。看到这一幕幕,我意识到作为老师,我要为学生补上"感恩教育"这一课,让学生懂得去感受父母给予他们的爱,并学会回馈父母。

于是我便在班级开展了一系列感恩活动,邀请家长参加我们班开展的感恩父母的主题班会,家长的参与和配合使活动进行得更加顺利。在感恩父母的队会中,孩子们自编自演情景剧,朗诵感恩诗歌,听感恩故事,等等。孩子们在活动中感受到了父母的良苦用心,深深地体会到了父母的关爱和呵护。当看到"有爱就有责任"的视频时,皇甫浩冉感动得不能自已。他说:"这个视频让我想起了我生病时被爸爸妈妈细心呵护的情景。细细想来,回忆自己的成长过程,点点滴滴,会发现我们的父母到底有多爱我们。"在孩子和家长"互说心里话"环节,很多同学和家长感动得潸然泪下。朴实的语言、感人的活动,证明了孩子心中的感恩之情以及他们对父母之爱的全新理解。

感恩父母主题队会效果显著,趁热打铁,我接着在班里围绕"感恩父母"开展了一系列的活动。以给父母自制卡片、写信的方式,表达自己对父母这些年来养育之恩的感谢;结合学校"两承包一体验"劳动岗位和社会课程,让孩子每天坚持做家务,每天用半小时以上做家务,如做饭、打扫卫生、叠被、洗碗、洗衣物等。

开展感恩教育,使学生懂得爱、学会爱。在生活上关心学生,把爱注入学生的心田,用爱浇灌稚嫩的幼苗。用宽容的方式,让学生产生愧疚之心,也使学生有改正的机会和余地,这样问题便迎刃而解了。

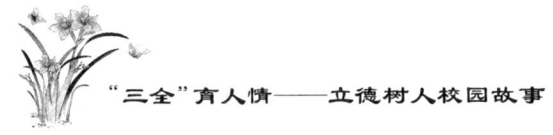

绿色出行你我他　低碳节能进万家

王　盈

"叔叔您好,我是濮阳市第二实验小学'小龙人'志愿服务者,助力濮阳文明创建,我们一起参与'低碳节能'行动吧!""阿姨您好,这是我们制作的环保贺卡,希望您今后多走路上下班,积极低碳出行……"那是2020年6月20日上午,濮阳市文化艺术中心广场上热闹非凡,恰逢"2020年度濮阳市文明餐桌健康用餐集体承诺仪式"在此举行,我们一年级60多名"小龙人"志愿者及家长志愿者参与其中,向市民发放文明创建倡议书和亲手制作的环保贺卡,倡导绿色出行、低碳节能的理念。

上午8时,"小龙人"志愿者在市文化艺术中心广场一亮相,就吸引了众多市民驻足观望。踏着《你笑起来真好看》的优美旋律,志愿者们翩翩起舞,以最美的舞姿拉开了本次"低碳节能"志愿服务活动的序幕。接着,"小龙人"志愿者分散行动,给过往的市民发放倡议书和环保贺卡,讲解低碳出行的方式,介绍如何从日常生活中做到节能……炎热的天气里,豆粒大小的汗珠从他们的脸颊滑下,有的孩子衣服虽然已经湿了一半,但此刻的他们不喊苦,不叫累,把儒雅少年文明大气的良好形象展现得淋漓尽致。广场上,他们头戴小红帽,身披志愿者绶带,煞是耀眼,成为当日一道亮丽的风景。

孩子们制作的环保贺卡很有创意,精美的图饰配有简约的文字,获得了不少市民的称赞,他们纷纷为孩子们的优秀表现竖起了大拇指。大家表示,今后一定要低碳出行,保护环境,节约资源,为创建文明美丽濮阳贡献自己的力量。

两个多小时的活动很快就结束了,"小龙人"志愿服务活动带给师生及家长们的不只是一种宣传体验,更有一份参与其中的光荣与自豪。参与老师深有感触地讲道:"本次志愿服务行动,引导人们增强低碳节能意识,带动更多的人自觉参与到低碳生活行动中,真是一件十分有意义的事情。今天,看到孩子们如此积极努力,志愿服务活动取得了良好的效果,真心为他们点赞。"来自一年级(3)班的"小龙人"志愿者刘紫怡说:"通过这次志愿服务活动,我不仅学到了很多低碳出行的知识,而且还可以让更多的人积极参与其

中,多骑车或乘坐公共交通工具上下班,低碳环保出行,我真是太开心了。"

志愿服务我奉献,文明创建我先行。小志愿者们以"小龙人"志愿服务活动为载体,践行"奉献、友爱、互助、进步"的志愿服务精神,积极行动,利用周末时间,开展文明宣传、交通维护、清洁家园、低碳节能等各类志愿服务活动,以最有效的方式向广大市民宣传文明创建知识,倡导文明出行、低碳生活理念,展现出"小主人"的社会担当。

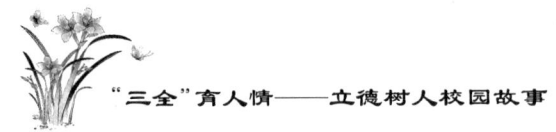

助力文明交通行

常文欣

交通文明是城市文明的窗口,共建文明的交通环境,是创建全国文明城市的应有之义和重要方面,也是每一位公民应尽的职责。近年来,随着我市交通文明建设不断深化,全社会整体交通文明素养不断提升,"车让人,人快走""一盔一带"安全出行理念深入人心,每一位交通参与者都在自觉践行文明出行的要求。

为助力维护濮阳市平安和谐文明的交通环境,推动全国文明城市复检工作,2020年9月5日上午8点,濮阳市第二实验小学二(1)班的40多位同学参加了"助力城市文明交通行"的交通志愿者服务活动。该活动旨在让学生理解交通秩序对文明城市建设的重要性,感受交通法规的实际应用,提高自身的文明交通规则意识。

活动中,小志愿者们在家长志愿者的带领下,头戴小红帽,身穿红马甲,手拿指示旗,在昆吾路与胜利路交叉口、开州路与胜利路交叉口、昆吾路与人民路交叉口,分小组,认真地执勤,督促行人、车辆遵守交通规则。

天气虽炎热,但小志愿者们对志愿服务的热情不减。他们积极踊跃地对逆行、闯红灯、不走人行横道等不文明交通行为进行及时劝导和纠正,路过的行人纷纷为孩子们的投入和负责竖起大拇指,称赞他们虽然身躯小小的,却为濮阳的文明城市创建做了大贡献。

执勤结束后,同学们纷纷表示,自己不仅是在执勤时是文明交通志愿者,以后行走在马路上也一定会遵守交通规则,做"文明交通行"的践行者,还要对发现的不文明交通行为及时劝导,用实际行动传播"文明交通行"的理念,为文明城市的创建贡献自己的力量。

清洁家园,从我做起

吴予航

城市,让生活更美好;文明,让生活更幸福。创建文明城市,共享幸福美好家园。在濮阳市正向蝉联全国文明城市的目标奋力冲锋的关键时刻,身为小学生也要为家园贡献自己的一分力量。2020年7月22日上午,濮阳市第二实验小学生一年级(6)班的50名"小龙人"在家长和辅导员吴予航老师的陪同下组成志愿者服务队,冒雨来到了美丽的濮水公园,开展了"清洁家园,从我做起"的活动。

全班兵分五队,带着各种提前准备好的清洁工具开始热火朝天地行动起来。

活动刚开始,雨点就如万条银丝从天上飘下来,但这也阻挡不了同学们的热情,大家大步朝前走,边走边捡拾路边的垃圾,一个个环保小卫士俨然小大人的样子,有模有样地扫地、捡垃圾,都是很厉害的劳动小能手。学习教养心灵,劳动教养身体,每人都积极参与。

活动之中,同学们将自己精心制作的环保卡片挂在树枝上,希望人人都能做到保护环境,共同为我们的家园清洁出一分力。

同学们认真地将垃圾装进袋子,不放过每一个角落,经过大家的不懈努力,公园里焕然一新。大家积极清洁卫生时的忙碌身影一时间成为公园里一道靓丽的风景线,赢得了来往游人的关注和赞赏,提高了群众爱护公共环境卫生的意识,为创建文明城市营造了积极良好的氛围。

播撒文明的种子,收获美好的明天。通过这次特殊活动,不仅提高了同学们的环保意识,而且让同学们养成了良好的卫生习惯。雨水不仅使大地青绿,更使孩子们获得别样的快乐,孩子们深深地体会到爱护环境需要我们每一个人的努力,这样才能使我们的生活环境更清洁、更美丽。

美丽濮阳是我家,文明建设靠大家,从每一件小事做起,共同浇灌绚丽多彩的文明之花。文明是美德,文明是时尚,文明从身边做起,文明从点滴做起。让我们小手拉大手,文明一起走,共同建设美丽文明的新城市。

以劳动为笔，绘童年华章

薄伟伟

在全国教育大会上，习总书记提出要在学生中弘扬劳动精神，教育引导学生崇尚劳动、尊重劳动，长大后能够辛勤劳动、诚实劳动、创造性劳动。濮阳市第二实验小学率先统筹各类教育资源，以"两承包一体验"项目为引领，扎实推进劳动教育进程，充分发挥"学校、家庭和社会"的育人功能，打造育人共同体，形成积极、健康的劳动教育氛围，构建具有区域特色的劳动教育育人体系，真正凸显劳动教育成效，探索出了一条小学阶段劳动教育的新路子。

学校通过设立劳动体验岗位，开展劳动技能大赛，开设多彩劳动社团活动等形式，丰富校内劳动教育，扎实教育成效。李慧军校长在全校倡导"自己的事情自己做"的劳动教育理念，分年级制定劳动内容和标准，设立符合每个年龄特色的劳动岗位，为孩子们搭建劳动实践平台，让学生通过履行劳动岗位职责，实现"人人参与劳动，人人获得锻炼"的目标。四年级(14)班举行了班级劳动技能竞赛，通过系鞋带、穿线缝扣、叠衣服、整理书桌、做水果拼盘等一系列劳动技能比拼，推动了学校劳动教育。三年级学生课下活动时，老师与学生一起动手缝制布艺手包，在"期末展评周"活动中进行特色展示，在满满仪式感中为劳动教育率先垂范。

二年级(4)班的孩子们充分利用阳台一角，在阳台建起了自己的"开心农场"，学生们从了解农作物开始，自己种蒜苗、培植豆芽、种麦苗、养红薯苗，通过学习劳动知识，体验劳动过程，既掌握了劳动技能，又收获了成长与快乐。我依托综合实践活动课程，结合观察日记，开展劳动纪实，让学生学会记录劳动点滴历程，养成了爱劳动勤反思的好习惯；社团群内孩子邀请家长传授劳动技能，"花式系鞋带""创意垃圾桶"让劳动更有趣，"生活小妙招"让生活更简单；孩子们利用平时的劳动照片精心制作了图文结合的劳动简报，让劳动教育插上梦想的翅膀，装点童年生活。

四年级的孩子们开展绿植大比拼，如绿植养护、绿植水培、绿植移栽，在孩子们的互动交流中，一颗颗绿芽都焕发出生命的光彩。五年级的孩子对

美食研究兴趣满满,宋含笑老师在班级内开展厨艺竞赛季活动,约定"锅铲"作为"厨艺大王"的奖品,于是"鱼香肉丝""番茄炒蛋""芹菜炒肉"等特色菜变成了大家课间谈论的话题,连酱油放几滴、用冰糖还是白砂糖都颇有讲究,一次次练习,一次次反思,老师与学生一起感悟劳动带来的美好生活。

2020年疫情蔓延,我针对劳动教育在年级组开展了线上直播"我劳动,我快乐"主题班会课,集中展示了疫情期间学生的劳动技能,评选出30位优秀的"劳动小能手"。朱一墨同学整理的房间、袁梦溪清洗的餐盘,让观看的同学马上进入劳动比拼状态;祖雨萱小朋友包饺子、煮饺子一气呵成,让人垂涎欲滴;薛诗语小朋友苹果洗得干净,讲解更是细致具体。

为了让学生积极参与社会活动,体会劳动者的艰辛,2020年7月16日,二年级(4)班的孩子们开展了"关爱农民工""小龙人"等志愿服务。孩子们走进工地,为农民工送上法律宣传手册,为在场的农民工送上《听我说谢谢你》《你笑起来真好看》《最亮的星星》等歌舞表演,亲手送上精心制作的贺卡,表达对城市建设者的敬意。一个队礼,一个拥抱,一声问候,为炎炎夏日增添了一道关爱农民工的亮丽风景线。10月,孩子们走进田间地头,掰玉米、打枣……在一项项活动的推动下,孩子们对劳动的认识逐步提升,劳动技能的掌握也水到渠成。

希望每个孩子通过劳动教育,做到劳动有目标、劳动有岗位、劳动有职责、劳动有收获,真正体验劳动的辛苦,感受劳动的快乐,收获成长的幸福。希望孩子们通过行动的力量,以劳动为笔,绘童年华章。

都是篮球惹的"祸"

佘玉玲

"佘老师,王聪被在走廊里玩篮球的几个男生砸着头了,不知怎么样,正哭呢,您过去看看吧。"上完第二节语文课,我刚进办公室,端起杯子正想喝口水呢,就跑来几个女生,叽叽喳喳地报告。

"伤得怎么样?严重吗?"我急忙地跑过去,先仔细看了看王聪的伤情,确定没大问题,再看看那几个玩球的男生,他们像犯了罪似的,耷拉着脑袋,老老实实地坐在凳子上,一动不动。

"怎么回事?"

"老师,下节是体育课,我们准备去操场,李刚想把篮球扔下去,投给张峰,没想到篮球反弹碰到王聪了,他不是故意的。"

"什么?高空抛物还不是故意的?"我把篮球收上来放到了讲桌上并宣布,"第三节体育上室内课!"

大家纷纷议论着:"篮球惹祸了!"

的确,这节课我要祛除孩子们随意抛物的"祸"根。

"同学们,你们知道高空抛物的危害吗?"课堂一片静寂。

"老师,我知道高空抛物害人害己,危险性很大。故意从楼上抛下来东西,伤害到他人,属于故意伤害他人罪,至少判三年以上的有期徒刑。"任欢的发言首先打破了教室里安静的气氛。

"老师,我家住在3楼,第一次,楼上的瓜子壳落在了我家的阳台上;第二次,我奶奶正在晒被子,这时,一个香烟屁股从天而降,落在了被子上,要不是奶奶及时发现,把香烟屁股弄灭并扔进垃圾桶里,就可能引发火灾了;第三次,爷爷正坐在阳台上看报纸,一盆水从楼上泼了下来,害得爷爷整张报纸都湿了。我妈妈忍不住就跑上楼去询问,可是楼上的人就是不开门,最后,我们在阳台装上了监控。"孩子们你一言,我一语,讲着发生在身边的事情。

"是啊,有的人可能满不在乎,总认为不就是随手扔一个纸球、垃圾吗?不会伤人的,不要紧的。大错特错!高空抛物现象曾被称为'悬在城市上空的痛'。在上海'陋习排行榜'中,它与'乱扔垃圾'齐名,排名第二。高空抛物,是一种极其不文明的行为,而且会带来很大的社会危害。有数据表明:一个30克的鸡蛋从4楼抛下去就会让人起肿包,从8楼抛下去就可以使人头皮破损,从18楼抛下去就可以砸破行人的头骨,从25楼抛下可使人当场死亡;一个拇指大的小石块,在4楼抛下时可能伤人头皮,而在25楼抛下时可能会让路人当场送命,因为从上而下的力度会变得很大;空啤酒瓶在18楼和25楼的高度抛下,均可造成致命伤害;一个4厘米的铁钉在18楼抛下时,可能会插入行人的脑中。"我严肃地说着,此时的教室里孩子们都听呆了,禁不住发出"呀!呀!"的呼叹声。"前段时间'抛砖砸死女婴'事件经媒体报道后引起了社会广泛关注。人们在为百日女婴过早地离开这个世界、父母悲痛欲绝而扼腕的同时,一个有关城市高空抛物威胁人们'头顶安全'的社会问题,再次引起人们的热议。"我又给孩子们看了几个高空抛物造成的危害的例案。

"同学们,为了自己和他人家庭的幸福、安宁,为了共建高尚、文明、和谐、整洁的美好家园,我们应该怎么制止随意抛物呢?"

高飞说:"在校不要将物品扔出窗外。如发现安全隐患要及时与班主任或科任老师联系,以便他们即时处理。"李丽说:"在家不能从阳台往下泼水或在阳台上冲洗衣服,以防脏水溅到楼下。更不要在阳台内堆放易燃、易爆或易被风刮起的物品,也不要在阳台边缘放置花盆等易坠物品,正在装修的单位一定要封闭好阳台再施工。在阳台上打扫卫生或给花草浇水时,不要将水溅到楼下;如果无法避免,应在夜间下面无人、无车经过时进行。刮风下雨时,要注意检查户内阳台物品及门窗。"

"同学们,高空抛物,抛下的不仅是物,还抛掉了自己的社会公德,抛掉了自己的人品。作为二实验的学生,以后我们要坚决杜绝这种现象。"

望着可爱天真的孩子,我相信篮球惹下的这场"祸",会在孩子们心中扎下深深的"根"。

"好玩好写"的意象沙游作文课

晁秋实

洛温菲尔德说:"儿童若没有充分的游戏机会,就不会有健康和谐的情感发展。""意象沙游"活动主要是利用沙盘游戏,让孩子们在沙盘中构建自己的世界,专注于观察、感知、思考与想象,提高语言表达能力和四维想象创造力,促进儿童的认知发展,健全和丰富儿童的情感世界。

意象沙游作文通过利用沙盘和沙具,让孩子们塑造出各种场景,以一种自发的心态创造出自己的内心世界,从而更加有利地表达出自己的真实想法。意象沙游作文,独辟蹊径,创新教法,把写作变成"好玩好写"的游戏,让孩子们在玩中学知识,在玩中学表达,在玩中成就一篇篇生动有趣的文章,快速提升了学生的作文能力。

一个学期以来,我带领学生进行了以下主题的系列训练:想象力的训练(花),想象力的训练(圆),描写颜色的训练,描写声音的训练,动词的训练,比喻、拟人、排比、夸张等修辞方法的训练。比如在训练想象力"圆的联想"时,孩子们由圆联想到圆形的食物、运动类工具、星体等,现场说了一百多种事物呢!日常生活中,发生矛盾是在所难免的,也是正常的,重要的是怎样对待矛盾、怎样化解矛盾、怎样有效地处理问题。为此,我设计了一次以"冲突与和解"为主题的沙游作文课,目的是让孩子们自己学会处理日常生活中的问题。孩子们结合自己的生活、想象,把自己想说的话通过游戏真实地表达了出来。孩子们都认真参与进来,呈现出日常中不同的矛盾点。在老师的引导下孩子们自己分享了很多种化解矛盾冲突的方法。有的说给对方道歉,有的说为对方制作一张卡片,有的说邀请对方出去玩耍,还有的说送给对方一个小礼物……孩子们不仅收获了成长,还收获了一篇篇生动的文章!

在孩子心里永远都有一个童话世界。孩子的想象力是那么的丰富,当孩子的天马行空得到认可,他们会更加愿意去思考世界与生活。看,海边主题组的小朋友,在沙盘间运筹帷幄,有模有样地在规划他们的"领地"。如果需要移动沙具,就需要征求同伴的同意。游戏中,他们的合作能力和沟通能力得到锻炼。作品完成了,看似无序,实则连贯,杂乱无章的物品,通过孩子

第五部分 活动

们独特的视角、天马行空的想象串联出一幅幅美丽的图画,勾勒出一篇篇令人意想不到的逸闻趣事。

在开始的游戏分组环节,我和孩子们一起玩"桃花朵朵开""大风吹""泡泡糖粘粘粘"等游戏,在愉悦轻松的氛围中完成随机分组,四个孩子一组,共同创造沙盘游戏作品。孩子们捧起一把沙子,转眼间沙子就顺着手指缝溜了出去。这些调皮的沙子逗得他们脸上的笑容无比灿烂。课堂上,在老师的引导下,孩子们全神贯注地投身于意象沙游的创作之中,进入了"忘我"的境界。在意向沙游中,孩子们尽情尽兴地释放自己!

通过一个学期的沙游作文活动,孩子们从寓教于乐之中学到了很多知识,学会了怎样把句子写生动、写具体。对沙游的立体感知,开拓了他们的想象,拓展了他们的思维,也让他们学会运用多种方式表达自己的思想。

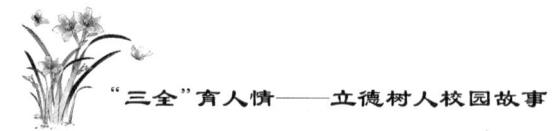

行走在文明的春风里

宋海娟

讲文明是学生的基本礼仪,培养学生养成讲文明的好习惯,是每一位老师应该努力的方向。

2009年秋季开学,我新接了一年级(6)班。记得刚接手这个班级,看到孩子们初入小学校门,像快乐的小鸟,我也仿佛被他们感染,觉得自己年轻了很多。可是好景不长,我听到了一个孩子口吐脏话,一直骂不小心碰到他的小朋友。我顿时觉得自己任重而道远。怎么办呢?

"言教不如身教。"我特别注重自己在学生面前的一言一行,首先从使用文明礼貌用语做起,先对学生进行文明习惯的培养。当学生给我递书本时,我会由衷地说:"谢谢你,孩子!"当看到学生走进校园,我会微笑着打招呼。当班级大扫除结束后,我会对打扫卫生的孩子真切地道一声:"你们辛苦了!"说实话,刚开始这样做时,别说学生不习惯,我自己也很不习惯。但为了让孩子们养成良好的使用文明用语的习惯,我就这样坚持了下来。现在,无论你走在校园里,还是走进班里,学生们那一声声发自内心的"老师好!""谢谢你!""对不起!""没关系!"都会让我深深感觉到对学生进行文明习惯的培养,老师的榜样力量是多么重要。

老师是学生的榜样,学生亦是学生的榜样。刚开始时,面对学生的不文明行为,总是由我去说去管,有时会出现学生"当面一套,背后一套"的现象。为了激发学生的积极性和主动性,督促学生们要讲文明用语,我在班会课的时候和孩子们有个约定,那就是在平时要文明礼貌且不能说脏话,如果谁违反了这个约定,就会被记录在册,该记录每周公布汇总一次。每周五班会课时进行评比,看谁的名字最少,谁就会被评为本周的"礼仪小明星",并优先推选学校的"礼仪之星"。孩子们看到自己的照片被贴在展板上别提多高兴了。

不知不觉三年过去了,当我走进教室,看见地上干干净净,我已经看见了文明;当我看见孩子们挥手向我说"老师好"时,我已经看到了文明;当我看见孩子捡起垃圾时,我已经看到了文明;当我看见同学们认真值日时,我已经看到了文明。希望孩子们永远沐浴在文明的春风里,健康成长!

小社团，大舞台

张 芳

学生社团作为丰富学生课外生活、满足学生多样需求的"第二课堂"，已经成为拓展学生视野、培养学生兴趣爱好、提升学生综合素质的重要载体。学生社团紧贴学生校园生活，学生根据自己的兴趣爱好自主选择参加，因此更容易调动学生的参与积极性。学生社团通过整合校内外优势资源，帮助学生实现"心有多大，舞台就有多大"的梦想，积极健康而又精彩纷呈的学生社团活动也是锤炼学生品质、培养学生情操的重要途径。

一、锻炼学生交际能力

学生社团是第一课堂的补充，作为校园文化的重要载体，第二课堂的开展，能拓展学生认知，拓宽学生视野。通过各式各样的社团活动的开展，可以营造出一种生机勃勃、积极向上的环境氛围，既为学生提供发挥特长、表现才能和施展个性的场所，又为学生提供交往、合作、学习的机会。社团在学生的眼里是一个"快乐的天地、自由的王国"，在这里，每个学生都有一个充分表现自我的小天地，可以充分发挥自身的主体作用，开展创造性活动，激发创造的兴趣，增长创造的才干。同时，学生在社团活动中还可以学会相互交往、相互学习、相互信任、相互尊重，使学生的交际能力得到锻炼。

二、提升学生综合素养

社团活动可以实现学科教学的课外延伸、拓展，激发学生强烈的求知欲，增强学生在学习活动中的主体意识，学习潜能得到充分挖掘，动手能力、创新能力得到有效提高。社团的成员来自不同的班级，具有不同的家庭背景，在这样一个具有较强开放性的组织中，不同学生的思维方式和知识背景的交叉促使学生之间相互影响、相互受益，进而培养和提高学生的综合素养。

三、增强学生自信心

苏霍姆林斯基认为,所谓和谐的教育,应是如何把人的活动的两种职能配合起来,使两者得到平衡:一种职能是认识和理解客观世界,另一种职能应是人的自我表现。社团活动给学生一个自由发挥的空间,通过参加社团活动,帮助学生获得更多展示自我的机会,使自身的价值得到体现,获得他人的认可,体验到成功的快乐,增强学生的自信心。学生在社团中体验到的成功感会弥补其在学习、生活中其他场合的受挫感,会让他们克服畏难、自卑的心理,有利于塑造个人完美人格。

通过打造丰富多彩的社团活动,满足了学生的爱好,张扬了个性特长,使学生的潜能得以发展。学校举行的艺术节、运动会、科技节等更为社团学生提供了展示特长的舞台,学生自我实现的需要得到满足,自信心得到增强,组织管理能力得到锻炼,自主意识也得以提高。真正实现"小社团,大舞台"的育人目的。